中国农村社会事业发展报告

2023

农业农村部农村社会事业促进司

编委会成员名单

前 言 FOREWORD

2022 年，党的二十大擘画了全面建设社会主义现代化国家、以中国式现代化全面推进中华民族伟大复兴的宏伟蓝图，吹响了奋进新征程的时代号角。习近平总书记出席中央农村工作会议并发表重要讲话，就全面推进乡村振兴、加快建设农业强国作出战略安排，明确了当前和今后一个时期"三农"工作的目标任务、战略重点和主攻方向，为做好新时代"三农"工作提供了根本遵循。

党的二十大提出，统筹乡村基础设施和公共服务布局，建设宜居宜业和美乡村。各地区各部门深入贯彻党的二十大精神，认真落实党中央、国务院决策部署，聚焦重点领域和关键环节，循序渐进、稳扎稳打，推动农村社会事业高质量发展。聚焦农民群众可感可及的身边事，持续推动公共服务资源下沉，加强农村基础设施建设，提升农村公共服务效能，扎实推进农村人居环境整治提升，巩固拓展脱贫攻坚成果，切实提高农村基础设施完备度、公共服务便利度、人居环境舒适度，推动让农民就地过上现代文明生活。

今年，农业农村部农村社会事业促进司组织农村经济研究中心继续开展农村社会事业发展状况评价研究，编辑农村社会事业发展报告。为保持报告的稳定性和连续性，今年的报告总体上延续上年体例，分为总报告、专题报告、省级报告三个篇章。第一部分是总报告，对 2022 年农村社会事业发展的新举措、新成效、新挑战和新趋向进行了概括分析和凝练。第二部分是专题报告，分农村教育、农村医疗卫生、农村社会保障、农村文化体育、农村人居环境、农村基础设施六个专题，详细论述 2022 年各领域的发展情况。考虑到大多数专题都涉及数字技术应用，因而把数字赋能农村社会事业发展的内容融入各专题中，不再单设数字乡村专题。第三部分是省级报告，推出江苏、湖南、广东、重庆四地推动农村社会事业发展的实践探索。这三个部分力图从不同层面、不同视角反映我国农村社会事业发展进展。为促进交流，现将这些成果编辑出版，以飨读者，内容中难免存在疏漏之处，请读者批评指正。

目 录 CONTENTS

中国农村社会事业发展报告

2022 年，党的二十大擘画了全面建设社会主义现代化国家、以中国式现代化全面推进中华民族伟大复兴的宏伟蓝图，吹响了奋进新征程的时代号角。2022 年，国际环境风云变幻、国内改革发展任务艰巨繁重，党中央、国务院着眼国家重大战略需要，统筹推进乡村发展、乡村建设和乡村治理，推动乡村振兴取得新进展、农业农村现代化迈出新步伐。

农村社会事业是"三农"工作的重要组成部分，是全面推进乡村振兴的重要内容。党的二十大报告明确要求，"统筹乡村基础设施和公共服务布局，建设宜居宜业和美乡村"。新时代新征程，要瞄准"农村基本具备现代生活条件"的目标，不断强化农村基本公共服务的供给水平，扎实开展重点领域农村基础设施建设，稳步提升农村人居环境，持续繁荣发展乡村文化，切实提高农民群众获得感、幸福感、安全感。

一、农村社会事业发展的新进展

2022 年，各地各部门认真贯彻落实党中央、国务院决策部署，聚焦重点任务和关键环节，加强统筹谋划，强化政策支持，实化务

1

实举措，推动农村社会事业高质量发展。

（一）强化农村社会事业顶层设计与制度安排

不断健全农村社会事业政策体系。2021年12月底，国家发展改革委等21个部门联合印发《"十四五"公共服务规划》，明确"十四五"时期公共服务发展的总体思路，提出基本公共服务均等化水平明显提高、普惠性非基本公共服务实现提质扩容、生活服务高品质多样化升级等目标任务。2022年1月，中央网信办、农业农村部等10部门印发《数字乡村发展行动计划（2022—2025年)》，对"十四五"时期数字乡村发展作出部署安排。2月，中共中央、国务院印发《关于做好2022年全面推进乡村振兴重点工作的意见》，提出健全乡村建设实施机制，接续实施农村人居环境整治提升五年行动，扎实开展重点领域农村基础设施建设，大力推进数字乡村建设，加强基本公共服务县域统筹。国务院印发《"十四五"推进农业农村现代化规划》，把实施乡村建设行动作为重要任务之一，聚焦交通便捷、生活便利、服务提质、环境美好，建设宜居宜业乡村。国务院印发《"十四五"国家老龄事业发展和养老服务体系规划》，提出促进农村养老服务提质升级，加快补齐农村养老服务短板。5月，中办、国办印发《关于推进以县城为重要载体的城镇化建设的意见》，提出强化公共服务供给，增进县城民生福祉。中办、国办印发《乡村建设行动实施方案》，将实施农房质量安全、农村道路畅通、村级综合服务设施提升、农村人居环境整治提升、农村基本公共服务提升、推进农村精神文明建设等作为重点任务。6月，中共中央办公厅、国务院办公厅印发《关于加快基本养老服务体系建设的意见》，明确了国家基本养老服务清单，着力为老年人提供基础性、普惠性、兜底性养老服务保障。9月，民政部等10部门印发《关于开展特殊困难老年人探访关爱服务的指导意见》，部署各地面向特殊困难老年人开展探访关爱服务，预防和减少农村老年人居家养老安全风险。

（二）持续加大农村社会事业财政投入

2022 年，国家继续加大农村社会事业财政投入，带动社会资本投资农村社会事业领域。实施优质高效医疗卫生服务体系建设工程，安排中央预算内投资 18.4 亿元支持县级医院提标扩能，投资 2.38 亿元支持县级疾病预防控制体系现代化建设。下达中央财政支持学前教育发展资金 230 亿元，重点向中西部农村地区倾斜。近年来，全国新增的幼儿园 80％左右集中在中西部，60％左右分布在农村，"三区三州"等原深度贫困地区入园率显著提高。下达以工代赈中央投资计划 75 亿元，带动地方政府资金、社会资本等投入 18 亿元，支持中西部地区实施以工代赈项目 2 000 余个，带动超过 20 万名农村低收入群众就近就地务工就业。安排中央预算内投资 13 亿元支持地方建设 58 个公共实训基地，针对包括农民工等重点人群在内的各类劳动者开展职业技能培训，有效提升劳动者技能水平和就业质量。安排中央预算内投资 7.6 亿元，支持包括易地扶贫搬迁人口较多且有需求的县建设儿童福利设施、未成年人保护设施、殡仪馆或公益性骨灰安放设施等社会福利设施项目 73 个，进一步织密扎牢民生保障网。

（三）推动基础设施和公共服务向乡村延伸覆盖

加快推进以县城为重要载体的城镇化建设，围绕服务设施布局、生产供给、服务享有、要素保障等内容，促进县城基础设施和公共服务向乡村延伸覆盖。2022 年 8 月，交通运输部、国家发展改革委、财政部等 6 部门联合印发《农村公路扩投资稳就业更好服务乡村振兴实施方案》，提出稳步推进建设"四好农村路"，启动新一轮农村公路建设和改造。累计建成并开通 5G 基站 196.8 万个，5G 网络覆盖所有地级市城区、县城城区和 96％的乡镇镇区，实现

"县县通 5G"。截至 2022 年底，累计建成 990 个县级寄递公共配送中心。2022 年，国家能源局安排农村电网中央预算内投资计划 151 亿元，其中中央预算内投资 50 亿元，支持农村电网巩固提升。紧密型县域医共体建设进一步提速扩面，已有 18 个省份全面推进紧密型县域医共体建设，带动县域医疗服务能力稳步提升。全国 90％的家庭 15 分钟内能够到达最近医疗点，群众在"家门口"看病就医更加方便、可及程度进一步提高。围绕义务教育均衡发展和城乡一体化目标，持续改善农村学校基本办学条件，不断提升教学师资水平，2 895 个县全部实现义务教育基本均衡。提升县级敬老院失能照护能力和乡镇敬老院集中供养水平，持续完善县乡村三级养老服务网络。截至 2022 年底，全国共有农村特困人员供养服务设施（敬老院）1.7 万个，床位 179.4 万张。聚焦农村广播电视公共服务体系建设，指导地方先行先试，建设"县级有机构管理、乡镇有网点支撑、村组有专人负责"的基层公共服务体系。

（四）数字化赋能农村社会事业发展

2022 年 4 月，中央网信办会同农业农村部等 5 部门印发《2022 年数字乡村发展工作要点》，要求发展"互联网＋教育""互联网＋医疗健康"，完善社会保障信息服务等，拓展数字惠民服务空间。目前，农村实现与城市"同网同速"，全国中小学（含教学点）互联网接入率达到 100％，99.9％的学校出口带宽达到 100M 以上，超过四分之三的学校实现无线网络覆盖。针对贫困家庭学生上网困难等问题开展网络精准帮扶，惠及超过 6 800 万师生。国家中小学智慧教育平台建设覆盖德智体美劳的优质资源，注册用户超过 1 亿，浏览量超过 350 亿次，为农村教师和学生提供优质数字教育资源，为促进乡村数字教育普及化提供平台支撑。全国建成互联网医院超过 2 700 家，面向边远脱贫地区的远程医疗协作网 6 112 个，实现 832 个脱贫县的远程医疗全覆盖。积极开展医保综合服务终端落地应用工作，截至 2023 年底，全国实际应用终端设备超 3.29 万台，其中基层医疗机构应用约 2 万台，进一步提升了基层医保信息化水平。2022 年 1 月，广电总局印发《关于推进智慧广电乡村工程建设的指导意见》，指导各地提升乡村广播电视数字化、网络化、智能化水平，深入实施智慧广电服务乡村振兴专项行动，推进智慧广电融入乡村振兴战略。

（五）巩固拓展农村社会事业领域的脱贫成果

2022 年，各地各有关部门落实党中央、国务院有关要求，持续巩固拓展脱贫攻坚成果，守住不发生规模性返贫底线。教育部持续推动《关于实现巩固拓展教育脱贫攻坚成果同乡村振兴有效衔接的意见》贯彻落实，继续实施家庭经济困难学生资助政策和农村义务教育学生营养改善计划，提高农村义务教育学生营养膳食补助标准，脱贫家庭辍学学生持续动态清零。国家卫生健康委按照《关于进一步做好防止因病返贫动态监测和帮扶工作的通知》要求，指导各地摸排易返贫致贫人口健康和保障情况，及时落实分类救治等各类帮扶措施。国家医保局等 5 部门联合印发《关于坚决守牢防止规模性返贫底线　健全完善防范化解因病返贫致贫长效机制的通知》，指导各地健全主动发现、动态监测、信息共享、精准帮扶等机制。2022 年，各地主动推送高额费用患者信息 625.7 万人次，经核查认定，开展直接医疗救助 21.6 万人。牵头建立防止返贫监测数据比对共享长效机制，及时将符合条件的脱贫不稳定人口、边缘易致贫人口和突发严重困难人口等监测对象纳入低保或特困救助供养范围，实现应保尽保、应兜尽兜。截至 2022 年底，全国共有 310 万防止返贫监测对象纳入低保或特困人员救助供养范围，占全部监测对象的 49%，年内还对防止返贫监测对象实施临时救助 15 万人次，为守住不发生规模性返贫底线发挥了重要作用。

二、农村社会事业发展的新成效

2022 年，各地各部门围绕"幼有所育、学有所教、劳有所得、病有所医、老有所养、住有所居、弱有所扶"的民生保障目标，扎实推动农村教育、医疗、社保、文体等公共服务补短板，着力改善农村人居环境和基础设施，农村社会事业稳中有进、持续向好。

（一）农村教育事业提质增效

农村地区教育资源供给不断扩大。截至 2022 年底，农村地区共有幼儿园 18.7 万所，在园幼儿 2 482 万人，普惠性幼儿园覆盖率达到 92.2%。农村师资力量持续加强，2022 年农村义务教育阶段本科以上学历专任教师比例为 76.01%，比上年增长 3.78 个百分点。"优师计划"全年招收 11 418 人，定向培养、定向就业，每年为 832 个脱贫县和中西部陆地边境县中小学校培养本科师范生，缓解音体美等教师资源缺口，促进学科结构均衡。"特岗计划"全年招聘特岗教师近 6.7 万人。不断加强特殊教育学校建设，实现了 30 万人口以上的县（市、区）特殊教育学校基本覆盖。对家庭经济困难残疾学生实行从义务教育到高中阶段 12 年免费教育，并优先纳入资助范围，予以重点保障。全面加强涉农高校耕读教育，43 所涉农高校将耕读教育相关课程纳入人才培养方案。加快发展面向农业农村的职业教育，通过基层农技特岗人员定向培养、"一村一名大学生计划"、农村订单定向免费医学生等订单式培养乡村紧缺人才 7.26 万余人。加强乡村振兴人才技术技能培训，2022 年累计培训致富带头人、现代农业经理人、高素质农民、农村电商人才等 38.2 万余人次。

（二）农村医疗卫生服务持续向好

基层医疗卫生体系不断健全，乡村医疗卫生机构实现乡镇、村屯全覆盖，农村地区设有乡镇卫生院 3.39 万个，村卫生室 58.8 万个，乡镇卫生院床位数达 141.7 万张。乡村医疗卫生服务能力不断提高，87.7％的县医院达到了二级医院能力，45.6％的县医院达到了三级医院能力。紧密型县域医共体建设持续推进，在国家试点基础上，各地积极开展省级试点，截至 2022 年底，省级试点县达到943 个。乡村医疗卫生管理体制改革继续推进，一些地方探索实行乡村一体化管理。如浙江、江苏等省将村卫生室转为乡镇卫生院的延伸服务点，村级医疗卫生服务纳入乡镇卫生院职责，村医纳入乡镇卫生院聘用管理。2022 年，新冠病毒感染实施"乙类乙管"后，各地成立省、市、县三级农村地区疫情防控工作专班 3 180 个，动员 370 多万"两委"干部、驻村第一书记和工作队及志愿者下沉一线，覆盖农村地区老幼病残孕等 1 674.84 万重点人群，免费发放健康包 5 717 万份。动员社会力量为全国每个村卫生室免费配备 2个指夹式血氧仪、每个乡镇卫生院免费配置 1 台制氧机，向 160 个乡村振兴重点帮扶县及 2 万余家乡村敬老院捐赠防疫物资，指导31 个省份和新疆生产建设兵团下沉医务人员 99.43 万人（次），确保平稳过渡。

（三）农村社会保障水平稳步提升

不断织密织牢农村社会保障网络，农民福祉日益增进。截至2022 年底，城乡居民基本养老保险参保人数 54 952 万人，较上年末增加 155 万人。地方政府为参加城乡居民基本养老保险的低保对象、特困人员、返贫致贫人口、重度残疾人等缴费困难群体代缴养老保险费。2022 年共为 2 687 万困难人员代缴了城乡居民基本养老保险费，困难群体基本养老保险参保率保持在 99％以上。持续加大农村地区基本医疗保障投入，确保应保尽保。2022 年城乡居民基本医疗保险人均财政补助标准增加 30 元，达到每人每年不低于610 元，同步提高个人缴费标准 30 元，达到每人每年 350 元。我国基本医保覆盖超过 13.5 亿人，参保覆盖面稳定在 95% 以上。为积极适应人口流动趋势，2022 年以来各地医保部门持续做好进城务工人员等流动人口参保工作，基本实现城乡居民基本医保参保登记、参保信息变更登记、基本医保关系转移接续、异地就医备案等医保政务服务事项"跨省通办"，确保每个县至少有一家定点医疗机构能够跨省直接结算包括门诊费用在内的医疗费用。落实落细分类资助农村低收入人口参保工作，全额资助农村特困人员，定额资助低保对象和返贫致贫人口，过渡期内对脱贫不稳定且纳入相关部门农村低收入人口监测范围的人群给予定额资助，有针对性地减轻农村低收入人口参保缴费压力。2022 年，医疗救助基金资助参加基本医疗保险 8 186 万人，纳入监测范围的农村低收入人口和脱贫人口参保率稳定在 99% 以上，基本医疗保险、大病保险、医疗救助三重制度累计惠及农村低收入人口就医 1.45 亿人次，减轻医疗费用负担 1 487 亿元。

（四）农民群众文化体育生活日渐丰富

基层公共文化服务网络不断健全，优质公共文化资源持续向农村延伸。2022 年末，全国共有乡镇（街道）综合文化站 42 120 个。2 674 个县（区、市）建成了文化馆总分馆制，占比达到 94%；2 642 个县（区、市）建成了图书馆总分馆制，占比达到 93%。乡村公共文化服务供给更加丰富，"戏曲进乡村"项目持续实施，每年组织各级各类戏曲演出团体，为中西部地区 1.3 万个乡镇配送约 7.8 万场以地方戏为主的演出。举办"村晚"示范展示活动，带动全国组织活动 1.2 万场，参与人次达 1.18 亿。第五届中国农民电影节和乡村振兴主题电影推荐活动等为中西部 10 个省份的农民群众放映公益电影 1 000 余场。农民体育赛事更加精彩，全国各地因地制宜组织美丽乡村健康跑、农民体育健身大赛等农民体育活动；全民健身线上运动会火热开展，囊括 100 余项线上赛事活动，以喜闻乐见的形式满足了农民群众健身需求；贵州台江"村BA"火爆出圈，进一步掀起农民体育热潮。中国农民丰收节影响力持续扩大，全国县乡村举办各类庆祝活动超3 500场次，农耕文明体验、传统民俗表演等活动占节庆活动的比例超过50%。

（五）农村人居环境整治提升稳中有进

扎实推进《农村人居环境整治提升五年行动方案（2021—2025年）》落实落地。2022年，全国新改造农村户厕500多万户。截至2022年底，全国农村卫生厕所普及率超过73%，农村生活垃圾进行收运处理的行政村比例稳定在90%以上，村庄保洁制度基本建立，平均每个自然村有1名保洁员，农村生活污水治理率达31%左右，乡镇政府驻地、中心村等重点村庄生活污水治理率达到40%以上。2018年以来，有95%以上的村庄开展了清洁行动，村容村貌焕然一新，农民群众生活质量和卫生观念普遍提高。

（六）农村地区基础设施建设提档升级

农村供水保障水平不断提升。截至2022年底，全国农村自来水普及率达到87%，规模化供水工程覆盖农村人口比例达到56%；当年安排农村供水工程维修养护中央补助资金30.69亿元，较2021年增加9.6%；各地维修养护农村供水工程11.5万处，服务农村人口2.34亿人。农村地区公路网络更加便捷完善。2022年全国农村公路完成固定资产投资4 733亿元，新改建农村公路18.98万千米；新增通三级及以上公路的乡镇480个，新增通硬化路较大人口规模自然村（组）超过3.6万个，实施农村公路安全生命防护工程13.5万千米，改造农村公路危桥10 589座。农村地区电力保障水平持续提升，供电可靠率达到99.883%。在"村村通宽带"基础上，支持农村及偏远地区9 097个4G、5G基站建设，进一步提升较大规模自然村组、林场、牧场、重点区域和交通要道沿线等宽带网络覆盖水平，加大对乡村振兴重点帮扶县、民族地区、革命老区的支持力度，保持未通宽带行政村动态清零。因地制宜推进农村快递发展，截至 2022 年底，累计建成 27.8 万个村级快递服务站点。农村应急广播体系建设更加完善，2022 年落实中央财政资金 6.32 亿元，对 21 个省（自治区、直辖市）134 个老少边及欠发达地区实施县级应急广播体系建设，全国应急广播覆盖面逐年提高。

（七）农村数字惠民服务水平不断提升

"互联网＋教育""互联网＋医疗健康""互联网＋人社"、线上公共法律与社会救助等服务不断向农村地区下沉覆盖。全国义务教育学校联网率已达 100％，基本实现出口带宽 100M 以上，99.6％的中小学拥有多媒体教室，海量优质教育资源通过互联网从城市传送到广袤乡村，进入农村中小学。截至 2022 年底，远程医疗服务平台已覆盖所有的地市和 90％以上的区县。全国电子社保卡领用人数达 7.15 亿，特别是在农村地区实现快速推广应用，为农村居民提供了参保登记、社保缴费及查询、待遇认证及领取等多项便民服务。全国近 53 万个行政村实现了法律顾问全覆盖，建立法律顾问微信群 20 多万个，乡村法律顾问、基层法律服务工作者在线为农村群众和村"两委"提供法律咨询、法律援助、法治宣传等服务。

三、农村社会事业发展的新展望

党的二十大报告提出，统筹乡村基础设施和公共服务布局，建设宜居宜业和美乡村。新时代新征程，发展农村社会事业必须全面贯彻落实党的二十大精神，紧密围绕"农村基本具备现代生活条件"目标，扎实推动乡村基础设施、公共服务、人居环境和文化建设，接续努力，久久为功，积小胜为大胜，奋力谱写乡村发展建设新篇章。

（一）更加注重软硬结合，推动农村物质文明和精神文明协调发展

党的二十大报告首次提出"建设宜居宜业和美乡村"，这是以习近平同志为核心的党中央顺应亿万农民对和谐乡村、美好生活的愿景期盼，在科学把握乡村建设规律基础上作出的重大理论创新。把"和美"作为乡村建设的重要标准，体现了乡村建设自内而外、从形到神的更高要求，表明乡村建设必须更加重视物质文明和精神文明协调发展，强调在抓好乡村基础设施等硬件提升的同时，一并抓好乡村治理、精神文明等软件建设，真正打造基本功能完备又保留乡味乡韵的现代乡村。

近年来，农村生产生活条件持续改善，但一些地方片面强调硬件升级，"重外壳轻内核"，对乡村文化等软件建设的重要性认识不足。目前，农村公共文化和精神文明建设供给不足、供求错位等问题交织，不少村民沉迷于打牌、赌博、刷手机、玩游戏，精神生活相对匮乏，一些地区攀比炫富、孝道式微等现象蔓延，封建迷信活动有所抬头，部分农民价值取向有庸俗化的趋势。

要紧紧围绕物质文明和精神文明协调发展，在继续推动农村硬件设施提档升级的同时，更加注重焕发乡风文明新气象、构建乡村治理新体系。一是加强农村精神文明建设。坚持用党的创新理论教育农民群众，深入开展社会主义核心价值观宣传教育，创新农村精神文明建设载体平台，不断增强农民群众对党的政治认同、思想认同、情感认同，让爱党爱国、向上向善、孝老爱亲、重义守信、勤俭持家成为农村普遍风尚。二是统筹推动乡村文化建设。深入挖掘优秀农耕文化蕴含的思想观念、人文精神、道德规范，加强农村家庭家教家风建设。推动开展具有浓郁乡村特色、深受农民群众欢迎

的乡村文化体育活动，培育挖掘乡土文化人才，发展乡村特色文化产业，不断满足农民群众多样化、多层次、多方面的精神文化需求。三是推进乡村治理体系和治理能力现代化。强化党领导乡村治理的体制机制，健全县乡村三级治理体系功能，完善党组织领导的村级组织体系，推进网格化管理、精细化服务、信息化支撑，创新村民自治有效形式，发挥村规民约积极作用，增强农民群众自我管理、自我服务、自我教育、自我监督的实效。持续推进农村移风易俗，坚决抵制高额彩礼、大操大办、孝道式微等陈规陋习和不良社会风气，推动乡村社会治理有效、充满活力、和谐有序。

（二）瞄准"农村基本具备现代生活条件"目标，加快补齐农村社会事业的短板弱项

近年来，各地区各部门认真贯彻党中央、国务院决策部署，不断加大农村社会事业投入力度，农村基础设施和公共服务建设取得重要进展。但也要看到，当前，我国最大的发展不平衡，仍是城乡发展不平衡，最大的发展不充分，仍是农村发展不充分；城乡差距大最直观的是基础设施和公共服务差距大。目前，全国仍有接近一半的村没有普及燃气，规模化供水工程覆盖农村人口的比例仅为56％。在农村社会保障方面，2022年城乡居民最低生活保障标准比约为1.29：1，农民普遍参加的城乡居民基本养老保险月人均待遇水平仅为196元，保障水平总体不高。

党的二十大报告提出到2035年让农村基本具备现代生活条件，明确了新时期乡村建设的目标导向。让农村基本具备现代生活条件是为了让农村居民就地过上现代文明生活。对标2035年目标任务，应当以基础设施畅通、人居环境美丽、公共服务均衡可及为农村基本具备现代生活条件的主要标志。基础设施畅通方面，重点推进"五通"，即通硬化道路、通自来水、通清洁能源、通宽带网络、通

快递物流。人居环境美丽方面，重点包括卫生厕所普及、生活污水有效治理管控、垃圾分类处理、村容村貌美丽和农房现代宜居。基本公共服务均衡主要关注教育服务普惠、医疗服务便利、托育服务共享、养老服务可及。

要加快补齐农村基础设施和公共服务的短板弱项，进一步提升建设质量，不断满足农民群众对美好生活的需要。一是不断提升农村基础设施建设水平。继续开展"四好农村路"示范创建，推动农村公路建设项目更多向村组倾斜。加快提升农村供水保障能力和水平，优先实施城乡供水一体化建设，大力推进集中供水规模化发展，实施小型供水工程规范化建设和改造，加快构建农村供水专业化管护体系。鼓励有条件地区发展太阳能、风能等清洁能源，推进农村生物质能源多元化利用。完善县乡村三级物流配送体系，构建农村物流骨干网络，改造提升农村寄递物流基础设施。加快农村光纤宽带、移动互联网、数字电视网和下一代互联网发展，加快推动遥感卫星数据在农业农村领域应用，推进农村基础设施数字化、智能化升级。二是持续强化农村基本公共服务供给。加快提升农村教育质量，多渠道增加农村普惠性学前教育资源供给，优先规划、持续改善农村义务教育学校基本办学条件，支持建设城乡学校共同体。支持建设紧密型县域医共体，不断改善乡镇卫生院发热门诊或诊室等设施条件，持续提升村卫生室标准化建设和健康管理水平。完善统一的城乡居民基本养老和医疗保险制度，合理提高政府补贴（助）标准和个人缴费标准，完善农村最低生活保障制度动态调整机制。积极发展农村普惠型养老服务和互助性养老，加大居家养老支持力度。支持农村养老机构建设学习点，推动农村社区教育学校（教育点）开展老年教育活动。三是稳步改善农村人居环境。持续推动农村厕所革命，建立健全长效管护机制，重点推动中西部农村户厕改造。加强生活污水治理与改厕有机衔接，分区分类推进治理，协同推进有机生活垃圾、厕所粪污、农村生产有机废弃物资源化处理利用。深入实施乡村绿化美化行动，加强村庄风貌引导。常态长效推进村庄清洁行动，引导农民养成良好卫生习惯。

（三）关注村庄分化，优化农村基础设施和公共服务结构与布局

因地制宜、分类施策是实施乡村振兴战略的基本原则。国家《乡村振兴战略规划（2018—2022年）》明确指出，要"顺应村庄发展规律和演变趋势，根据不同村庄的发展现状、区位条件、资源禀赋等，按照集聚提升、融入城镇、特色保护、搬迁撤并的思路，分类推进乡村振兴，不搞一刀切。"

随着工业化和城镇化深入推进，农村社会持续变迁，村庄不断分化，人口持续转移，有的村落会集聚更多产业和人口，有的自然村落会逐步消亡。第三次全国农业普查数据显示，79.01%的行政村存在人口净流出，这给农村基础设施和公共服务的布局带来了更多挑战。实践中，一些地区没有充分考虑乡村人口分布、形态变迁等现实情况，不分主次、不分重点，"撒胡椒面"式分配公共资源，造成有的村庄服务设施闲置，有的村庄服务设施明显不足，农民的一些急难愁盼问题没有得到优先解决。

要坚持县域一盘棋，在做好村庄分类基础上，科学设计农村基础设施和公共服务结构布局。一是统筹做好县乡村基础设施和公共服务布局规划。指导县域在编制国民经济和社会发展规划、国土空间规划时，统筹考虑县乡村基础设施和公共服务布局，科学规划城乡道路、供水、供电、邮政快递、信息、广播电视、防洪和垃圾污水处理等服务设施配置，一体推动城乡教育、医疗、卫生、养老等公共服务发展。二是科学做好村庄分类和规划编制。合理确定村庄分类，明确建设重点，人口聚集程度高、长期保留的村，要优先重点建设；空心化程度较高的村，重点为留守人口提供基本

公共服务。因地制宜编制村庄规划，确保与县域基础设施、公共服务等上位规划相衔接，满足乡村建设需要。三是合理确定项目建设优先序。推动在县一级建立基础设施、公共服务、人居环境等乡村建设项目库，按照县域基础设施和公共服务布局，做好项目的储备、入库、建设等工作。要突出事关农村民生的基础要件，聚焦农民群众急难愁盼的事项，优先建设既方便生活又促进生产的项目。

（四）坚持城乡一体推进，强化农村社会事业统筹力度

农村社会事业涵盖多个领域、涉及多个部门，推动任务落地需要汇聚各方力量统筹推进。当前，农村社会事业发展缺乏整体规划与协同推进，统筹协调机制还有待健全，一些地方延续"经济挂帅"的思路，对推进农村社会事业发展的思想认识还不到位，在工作举措上未给予足够重视，针对性和有效性不足。

要加大农村社会事业发展统筹推进力度，强化部门协作，健全工作机制，不断壮大农村社会事业发展合力。一是加快建立统筹推进工作机制。建立健全中央统筹、省负总责、市县乡抓落实的工作机制，压紧压实各级党委政府责任，确保各项任务落到实处。加快形成农业农村部门统筹，职能部门协同配合，社会力量广泛参与的工作格局。二是积极推动县乡村功能衔接互补。赋予县级更多资源使用权，加强基础设施和公共服务县域统筹，加快形成县乡村功能衔接互补的建管格局。县城要发挥龙头作用，切实强化县级医疗卫生、教育、供水、供电、邮政快递、垃圾处理等综合服务，乡镇要建成服务农民的区域中心，为农民提供较为全面的生产生活服务和设施，村级要加强能力建设，不断提高公共基础设施完备度和基本公共服务便利度。三是多措并举加大支持力度。持续用好财政资金、土地出让收入等支持乡村基础设施建设和公共服务供给。不断

拓宽投入渠道，鼓励金融机构在依法合规前提下量身定制乡村基础设施和公共服务金融产品，规范有序推广政府和社会资本合作模式。积极动员各方力量参与农村社会事业建设，扎实开展"万企兴万村"行动，大力引导相关领域社会组织投身乡村，努力打造全社会关心支持农村社会事业发展的建设格局。

专题一　农村教育事业发展专题报告

党的二十大报告指出，教育是国之大计、党之大计。农村教育是促进乡村振兴的重要一环。2022 年，各地区各部门不断建立健全城乡教育协调发展机制，积极推进更多优质教育资源向乡村倾斜，持续提升乡村学校办学条件和教育质量，促进教育赋能乡村振兴，农村教育事业取得新进展。

一、推进农村教育事业发展的重要举措

（一）巩固拓展教育脱贫攻坚成果

落实"四个不摘"要求，持续抓好控辍保学，加大对脱贫地区的教育帮扶力度。2022 年 7 月，中央组织部、教育部等 8 部门联合启动国家乡村振兴重点帮扶县教育人才"组团式"帮扶工作，按照"精准、可实现、可持续、有成效"的原则，从东部 8 省份选派高中校长、管理人员和教师共计 2 392 人，重点帮助 160 个国家乡村振兴重点帮扶县各建好 1 所普通高中和 1 所职业高中。依托"三区"人才支持计划教师专项计划选派 18 292 名教师，重点向国家乡村振兴重点帮扶县、原"三区三州"等深度贫困地区倾斜。7 月，教育部组建国家乡村振兴重点帮扶县教育人才"组团式"帮

17

扶工作专家顾问委员会，开展"组团式"教育帮扶领域研究、咨询、指导、服务等工作。

进一步健全教育系统乡村振兴协同推进机制，加强义务教育办学条件改善、乡村小规模学校和乡镇寄宿制学校建设、学生资助帮扶、留守儿童关爱等工作，推动行之有效的特殊政策向常规性、普惠性、长期性转变，提升教育服务乡村振兴的能力水平。9月，教育部召开2022年乡村振兴工作领导小组会暨乡村振兴工作推进会，提出办好以学生为本、因地制宜的乡村教育，优化布局、守住底线、提升质量、强化保障；要求各地驻村工作队发挥桥梁纽带作用，积极协调更多优质教育资源向乡村倾斜，探索以教育助推乡村振兴的有益做法，吸引更多有志于教育事业的优秀人才到乡村任教。

（二）强化农村教育资源配置

完善中央教育转移支付政策。新增教育财政资金更多向薄弱环节、贫困地区倾斜，着力解决教育发展不平衡不充分问题，多渠道增加农村教育资源供给，加快缩小区域、城乡、校际、群体差距。4月，教育部确定了135个义务教育优质均衡先行创建县，围绕合理布局乡村学校的有效模式、乡村温馨校园建设的有效途径、健全县域内城乡学校共同体建设机制等重点难点问题开展攻坚，探索义务教育优质均衡发展的实现路径。5月，中共中央办公厅、国务院办公厅印发《乡村建设行动实施方案》《乡村振兴责任制实施办法》，对加快义务教育优质均衡发展和城乡一体化作出部署，提出要优先规划持续改善农村义务教育学校基本办学条件，支持建设城乡学校共同体，多渠道增加农村普惠性学前资源供给，巩固提升高中阶段教育普及水平。2022年秋季学期，教育部组织实施部属高校县中托管帮扶项目，依托48所部属高校和相关专业机构面向中西部、东北地区23个省份和新疆生产建设兵团托管帮扶115所县域高中，带动地方高校和区域内优质普通高中托管帮扶 1 635 所县中，力争使每个教育基础薄弱县都有 1 所县中得到帮扶。

推动完善覆盖全学段的学生资助体系。出台学前教育国家资助政策，提高义务教育阶段家庭经济困难学生生活补助国家基础标准，进一步完善中职、高职、职教本科有序衔接的职业教育学生资助体系，扩大中职免学费、国家助学金资助范围。大幅提高经济困难高校学生国家助学贷款额度，免除经济困难高校毕业生 2022 年国家助学贷款利息并允许延期还本。

加强营养改善工作。11 月，教育部会同多部门制定了《农村义务教育学生营养改善计划实施办法》，对供餐管理、资金使用与管理、营养健康监测与教育、农村应急事件处置等作出明确要求。

保障随迁子女受教育权利。7 月，国家发展改革委印发《"十四五"新型城镇化实施方案》，提出强化随迁子女基本公共教育投入，保障随迁子女在流入地受教育权利，以公办学校为主将随迁子女纳入流入地义务教育保障范围，逐步将农村转移人口纳入流入地中等职业教育、普通高中教育、普惠性学前教育保障范围。

（三）加大农村教育投入力度

落实教育优先发展战略，保证财政教育支出强度，确保"两个只增不减"（确保一般公共预算教育支出逐年只增不减，确保按在校学生人数平均的一般公共预算教育支出逐年只增不减）。进一步提高义务教育教师特别是乡村教师的待遇保障水平，新增教育支出更多用于提高教师待遇。

加大教育薄弱环节投入力度。2022 年，中央财政安排"十四五"国家基础教育重大项目计划资金 605 亿元（包括学前教育发展资金 230 亿元、义务教育薄弱环节改善与能力提升项目资金 300 亿元、普通高中学校改善办学条件补助资金 70 亿元和特殊教育补助资金 5 亿元），支持引导各地增加普惠性学前教育资源，完善普惠保障机制，改善中小学办学条件，加大特殊教育学校建设，并向中西部地区倾斜。5月，财政部下达义务教育相关转移支付资金2125亿元（不含教师工资），主要用于提高义务教育经费保障水平，推进薄弱环节改善与能力提升，加强教师队伍建设，提高教育教学质量等。其中，安排1391亿元，支持地方巩固落实义务教育经费保障机制，提高国家规定课程循环教科书更新配给比率；安排300亿元，支持地方深入推进薄弱环节改善与能力提升工作，持续改善乡村学校基本办学条件等；安排262亿元，支持地方实施好学生营养改善计划，落实每生每天5元的营养膳食补助标准，持续改善欠发达地区学生营养健康状况。

（四）提升乡村学校办学条件和信息化水平

加强乡村学校建设和校舍安全保障，以中西部地区义务教育学校为重点着力改善办学条件。实施基础教育发展提升重大项目计划，2月，教育部召开"十四五"国家基础教育重大项目计划实施部署工作会议，强调推动基础教育整体高质量发展，大力促进义务教育优质均衡，缩小县域内城乡办学质量差距，进一步提升学前教育普及普惠水平，推动各地以县为单位完善普惠性资源布局规划，加强城镇新增人口、流动人口集中地区和乡村幼儿园建设。

调整优化国家规定课程免费教科书政策，提高国家规定课程循环教科书更新配给比率，将三年一循环变为两年一循环，相应免费教科书循环比例由小学83.75%、初中87%，调整为小学87.5%、初中90%，优化实施国家规定课程免费教科书采购和循环使用工作，保障学生用书需求。

大力实施国家教育数字化战略行动，建设上线国家智慧教育公共服务平台，提供优质数字教育资源。加大对农村、边远地区教育信息化支持力度，加快推进乡村学校数字校园建设，提升学校信息化建设与应用水平。发挥教育信息化对乡村振兴的促进作用，把数字化作为创新乡村教育形式的有效手段，形成实用管用的课程体系，探索适应乡村学校的数字化教学模式。全面推动专递课堂、名师课堂、名校网络课堂常态化应用，着力缓解薄弱学校特别是农村小规模学校教师结构性短缺以及开不齐、开不足、开不好国家规定课程等问题。推进"互联网＋"师范院校支教，进一步推动乡村共享城市优质教育资源。

（五）加快培育乡村教师和乡村人才

多渠道充实农村教育师资。2022年6月，人力资源社会保障部办公厅、教育部办公厅印发《关于做好2022年中小学幼儿园教师公开招聘工作的通知》指出，加强紧缺学科教师补充，创新基层招聘办法，积极引导高校毕业生到乡村学校任教。加强乡村教师队伍建设，支持县域统筹管理，优化调整县域内同学段学校教师岗位结构并向乡村适当倾斜，支持乡村学校设置"定向评价、定向使用"中高级教师岗位。2022年招聘中央"特岗计划"教师67 000名，重点为乡村学校补充特岗教师，持续优化教师队伍结构，进一步补充思想政治、音体美、外语、科学、劳动、心理健康、信息技术、特殊教育等紧缺薄弱学科教师。"职教国培"示范项目设置培训团队研修、教师培训、校长（书记）培训等3大类8个项目24个子项目，确定43个承训单位。"银龄讲学计划"义务教育阶段招募5 000名讲学教师，向国家乡村振兴重点帮扶县、原"三区三州"等深度贫困地区的县镇和乡村学校倾斜。

加强乡村教师专业化定向培养。2022年4月，教育部等8部门印发《新时代基础教育强师计划》，提出按照乡村振兴重大战略部署和振兴教师教育有关要求，立足重点区域和人才紧缺需求，适应区域、学段、学科等发展需要，加强东西部协作、对口支援等，加大中西部欠发达地区师范院校、教师发展机构建设和高素质教师培养培训力度，增加紧缺薄弱领域师资培养供给。9月，教育部办公厅印发《关于进一步做好"优师计划"师范生培养工作的通知》，着力缓解音体美等教师资源缺口，促进学科结构均衡。实施师范教育协同提质计划，协调10所高水平师范大学、30所地方高水平师范院校重点支持32所中西部欠发达地区地方薄弱师范院校的发展建设。

多措并举培育乡村人才。2022年5月施行的新《职业教育法》，明确职业教育与普通教育具有同等重要的地位，鼓励发展多种层次和形式的职业教育。8月，教育部确定支持68个单位的780个科技小院建设，更好地发挥科技小院在人才培养、科技创新、社会服务等方面的示范作用。引导农村职业教育和成人教育示范县适应当地经济社会发展需求，发挥百所乡村振兴人才培养优质校引领作用，强化职业教育对乡村振兴的支撑，构建服务乡村振兴的职业教育体系。加快培育高素质农民和农村实用人才。10月，中共中央办公厅、国务院办公厅印发《关于加强新时代高技能人才队伍建设的意见》，提出实施国家乡村振兴重点帮扶地区职业技能提升工程，加大东西部协作和对口帮扶力度。围绕乡村振兴战略，实施乡村工匠培育计划，挖掘、保护和传承民间传统技艺，打造一批"工匠园区"。11月，国家乡村振兴局、教育部等部门印发《关于推进乡村工匠培育工作的指导意见》，提出实施"双百双千"培育工程，"十四五"期间在全国推出百名乡村工匠大师，鼓励设立百个大师传习所，遴选千名乡村工匠名师。

二、农村教育事业发展取得的主要成效

2022年，各地区各部门贯彻落实党中央、国务院决策部署，促进城乡义务教育一体化发展，推动优质教育资源进一步下沉，持续加强农村义务教育薄弱环节建设，农村办学条件继续改善，乡村教育短板加快补齐。

（一）城乡教育协调发展取得积极进展

城乡办学差距进一步缩小。2022 年，经国务院教育督导委员会认定，全国 31 个省（自治区、直辖市）和新疆生产建设兵团的 2 895 个县全部实现了县域义务教育基本均衡发展。这是继全面实现"两基"（基本普及九年义务教育和基本扫除青壮年文盲）后，我国义务教育发展中的又一重要里程碑。县域内城乡义务教育一体化有序推进，实现了县域内教师编制标准、生均公用经费基准定额、基本装备配置标准"三统一"，"两免一补"政策实现全覆盖，近 90% 的生活补助用于中西部地区家庭经济困难寄宿生，农村学生享受到了更加公平、更加优质的教育。义务教育阶段建档立卡脱贫家庭辍学学生实现动态清零，基本建立了以奖学金、助学金为主，覆盖高校、中职、普通高中、义务教育、学前教育各个教育阶段家庭经济困难学生的资助体系，切实解决家庭经济困难学生上学问题，保障教育公平健康持续发展。

教育资源供给进一步扩大。2022 年全国普惠性幼儿园 24.6 万所，比 2021 年增加 1 035 所，普惠性幼儿园在园幼儿占比达 89.6%，比 2021 年提高 1.77 个百分点，全国学前三年毛入园率达 89.7%，比 2021 年提高 1.6 个百分点；通过新建改扩建等方式新增城镇义务教育学位 500 余万个，九年义务教育巩固率达 95.5%，比 2021 年提高 0.1 个百分点；普通高中学校数量 1.50 万所，比 2021 年增加 441 所，高中阶段毛入学率达 91.6%，比 2021 年提高 0.2 个百分点。特殊教育学校 2 314 所，比 2021 年增加 26 所。

进城务工人员子女入学问题进一步解决。全国义务教育阶段在校生中进城务工人员随迁子女 1 364.7 万人。其中，在小学就读 969.8 万人，在初中就读 394.9 万人。义务教育阶段进城务工人员随迁子女在公办学校就读和享受政府购买学位的比例超过 95%，比 2021 年提高了 4 个百分点以上。

（二）农村教育条件保障不断加强

2012 年以来，国家财政性教育经费占国内生产总值比例每年都保持在 4% 以上，学生人均经费投入持续增加。教育部数据显示，2022 年全国教育经费总投入为 61 329.14 亿元，比上年增长 5.97%。其中，国家财政性教育经费为 48 472.91 亿元，比上年增长 5.75%。2022 年全国学前教育、义务教育、高中阶段教育、高等教育经费总投入分别为 5 138 亿元、26 805 亿元、9 559 亿元、16 386 亿元，比上年分别增长 3.1%、6.7%、8.5%、6.2%。全国幼儿园、普通小学、普通初中、普通高中、中等职业学校、普通高等学校生均教育经费总支出均比上年有所增长，增幅分别为 7.4%、5.2%、3.6%、2.8%、6.4%、1.2%。

乡村学校办学条件持续改善，数字化基础条件明显改善。全国各级各类学校互联网接入率达 100%，超 75% 的学校覆盖无线网络，99.5% 的学校拥有多媒体教室，总数量超过 400 万间，学校配备的师生终端数量超过 2 800 万台。中小学数字化教学条件全面升级，基本形成了网络覆盖完全、线下多媒体教学空间和网络教学空间融合的泛在化学习环境。

农村义务教育学生营养健康状况持续改善。学生营养改善计划每年惠及 3 700 多万学生，受益学生总数达 3.5 亿人次。2022 年，卫生部门和教育部门对 2012 年以来学生营养健康状况监测情况做了对比分析，结果显示农村学生营养状况得到明显改善，平均身高、体重逐步上升，生长迟缓或贫血儿童逐步减少。

（三）乡村教师和人才队伍持续扩大

农村师资力量持续加强。2022 年，全国各级各类专任教师比上年增加 35.98 万人，增长 1.95%。全国义务教育阶段本科以上学历专任教师比例为 81.02%，比上年增长 3.3 个百分点，其中农村义务教育阶段本科以上学历专任教师比例为 76.01%，比上年增长 3.78 个百分点。义务教育阶段具有中高级职称的专任教师比例为 54.39%，高中阶段的比例为 60.78%，高等教育中具有高级职称专任教师的比例为 41.93%。

教师支教帮扶和培养补充机制进一步完善。"组团式"援疆教育人才项目、"三区"人才支持计划、教师专项计划、中小学银龄讲学计划、高校银龄教师支援西部计划等共选派 2.5 万余名优秀校长、教师开展支教讲学。"优师计划"2022 年招收 11 418 人，同比增长 19.8%，通过定向培养、定向就业，每年为 832 个脱贫县和中西部陆地边境县中小学校培养本科师范生。"国培计划"2022 年培训中西部农村教师 100 万人次。"特岗计划"全年招聘特岗教师近 6.7 万人（图 1）。全国 718 个原连片特困地区县实施乡村教师生活补助政策，覆盖约 7.3 万所乡村学校，受益教师 132.5 万人。

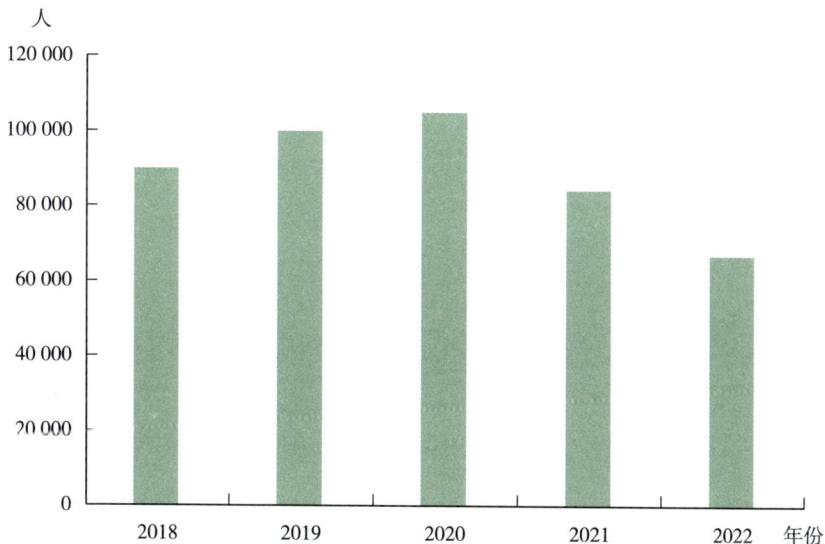

图 1　2018 年以来全国"特岗教师"招聘计划数

职业技能培育成效明显。高职扩招和职业技能提升三年行动累计扩招 413 万人、培训 8 300 多万人次。2022 年全国技工院校规模不断扩大，2 492 所技工院校在校生达 426.7 万余人，就业率普遍在 97.2%以上，每年向社会输送约百万名毕业生。过去 5 年，新增劳动力平均受教育年限从 13.5 年提高到 14 年。根据《2022 年度人力资源和社会保障事业发展统计公报》，2022 年脱贫人口务工就业规模达到 3 278 万人。全国组织农民工参加补贴性职业技能培训 717 万人次，培训脱贫人口及脱贫家庭子女 128 万人次（图 2）。

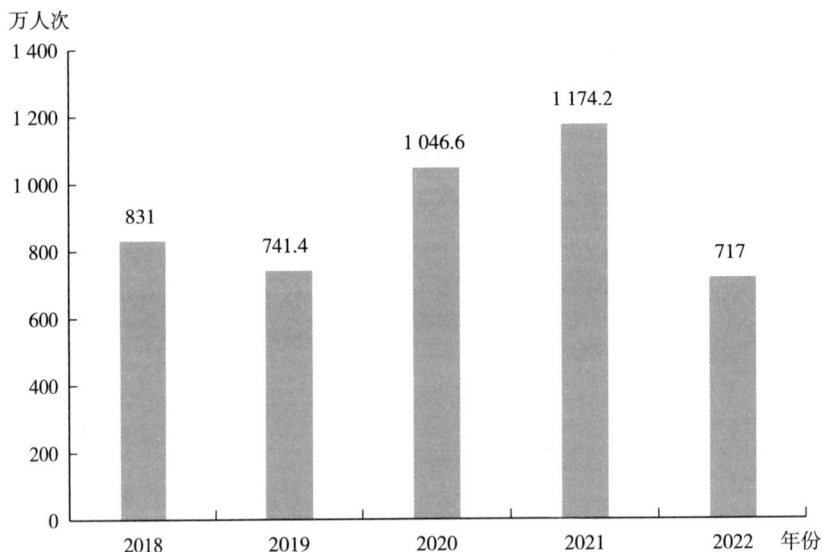

万人次

图 2　2018 年以来全国农民工培训人次

三、农村教育事业发展面临的主要问题

近年来，农村教育取得了积极成效，但与农业农村现代化要求相比，与农民群众对优质教育的需求相比，还存在明显短板，需要在全面推进乡村振兴过程中接续努力加以解决。

（一）农村教育投入保障力度有待增强

农村教育经费一般由国家财政转移支付资金和地方政府共同筹

措，部分县市特别是乡村振兴重点帮扶县财政收入有限，受外部因素影响，不少地方财政趋紧，教师工资、校舍改造、教学设备更新等支出压力较大。此外，由于相同的教育投入在县城取得的效益要优于农村，教育资源的投入更倾向于县城，导致乡村学校经费投入不足。

（二）教育资源配置城乡差异较大

乡村学校教学设施设备、教师学历素质等仍与城市存在不小差距，导致学校教学质量相对不高，存在优质生源外流、学生整体素质下降等问题。乡镇寄宿制学校和偏远村庄小规模学校建设仍存在短板，一些乡镇寄宿制学校生活条件相对简陋，校园文化生活贫乏，一些乡村小规模学校存在在校学生少、成班率低等问题。

（三）农村教育师资力量有待加强

教师队伍在总量扩大的同时，仍存在结构性矛盾。年龄结构不合理，农村小学教师年龄老化严重，缺乏青年骨干教师。学科比例失调，乡村学校规模普遍较小，教师编制少，音乐、体育、美术等"小科目"专任教师缺乏。乡村教师的待遇整体不高，交通、住房、生活压力较大，岗位吸引力不足，农村教师流失问题依然突出。

四、促进农村教育事业发展的对策建议

全面贯彻落实党的二十大关于"办好人民满意的教育"部署，坚持教育优先发展，加快补齐农村教育的突出短板，抓好促进公平、提升质量的关键环节，形成政府主导、覆盖城乡、可持续的基本公共教育服务体系，助推乡村全面振兴。

（一）加大对农村教育的支持保障力度

健全控辍保学长效机制，加强义务教育巩固情况年度监测，持续提升九年义务教育巩固水平。完善农村教育经费投入保障机制，加大国家对农村及偏远地区义务教育的财政转移支付力度，建立各级财政教育经费稳定增长机制。加强农村教育经费拨付和使用监管，做到经费使用规范合理、公开透明。引导社会力量和资金科学合理有序投入农村义务教育事业。

（二）合理配置城乡教育资源

根据城镇化进程、地理条件、学校人口变化和流动趋势等因素，科学制定城乡学校布局规划，加强农村义务教育薄弱环节建设。进一步加强寄宿制学校建设，办好必要的乡村小规模学校。全面推进城乡学校共同体建设，健全城乡学校帮扶激励机制，提升对口帮扶的针对性、有效性。提高对乡村学校建设补助标准，全面改善宿舍、食堂、厕所、浴室等基本生活条件和文体活动的场地设施条件。加强乡村学校信息化建设，保障音体美设施设备和教学仪器、图书配备，设置必要的功能教室，改善环境卫生条件。在偏远村庄的小规模学校或教学点配建教师周转宿舍，探索开通农村公交校车专线，改善寄宿制学校就读条件，降低住校生通勤成本。

（三）进一步提升乡村教育质量

大力发展素质教育，促进乡村学生全面发展。积极布局建设乡村特色学校，建设中华优秀传统文化传承学校，适应农村条件组织实施形式多样的劳动实践，发挥乡村在耕读教育、自然教育、农业农村教育等方面的优势，开发乡村教育精品课程。进一步实施好国家教育数字化战略，加强国家中小学智慧教育平台建设，构建互联互通、共建共享的数字教育资源平台体系，强化优质教育资源对乡村的覆盖和支撑。

（四）加强乡村师资和人才队伍建设

完善乡村教师待遇保障和激励机制，切实提高农村教师岗位吸引力。支持师范类院校通过定向就业招生、委托培养、在职培训等方式向乡村输送教师，优化乡村地区学校师资队伍结构，补充小学全科和中学紧缺学科教师。落实中小学教师职称评聘结合政策，以品德、能力、业绩为导向，分类分层，科学评价，合理配置老、中、青三代农村教师比例。完善乡村教师培训学习制度，为乡村教师职业发展和交流锻炼等提供条件。扎实推进"县管校聘"，推动优秀校长和骨干教师向乡村学校、办学条件薄弱学校流动，加快实现县域内校际师资均衡配置。探索以乡镇学区为单位，统一统计辖区内各学校"小科目"课程需求，根据需求统一聘任"小科目"教师、"流动"上课，统筹解决"小科目"教师缺乏问题。多渠道培育乡村人才，强化坚持面向农业农村现代化的育人导向，引导支持职业院校调整优化学科布局及专业设置，大力发展农业职业教育和农民职业技能培训，加快提高教育培训质量，推进教育与生产贯通、理论与实践结合，提升农业职业教育和职业技能培训效果。

附录

2022年2月，教育部发布《教育部2022年工作要点》。

2022年4月，农业农村部办公厅印发《关于做好2022年高素质农民培育工作的通知》（农办科〔2022〕10号）。

2022年4月，教育部办公厅印发《关于公布义务教育优质均衡先行创建县（市、区、旗）名单的通知》（教基厅函〔2022〕10号）。

2022年4月，教育部、中央宣传部、中央编办等8部门印发《新时代基础教育强师计划》（教师〔2022〕6号）。

2022年5月，教育部办公厅印发《关于组织实施部属高校县中托管帮扶项目的通知》（教基厅函〔2022〕13号）。

2022年5月，中共中央办公厅、国务院办公厅印发《乡村建设行动实施方案》。

2022年6月，教育部办公厅、财政部办公厅印发《关于做好2022年"三区"人才支持计划教师专项计划有关实施工作的通知》（教师厅函〔2022〕12号）。

2022年6月，教育部办公厅、财政部办公厅印发《关于做好2022年银龄讲学计划有关实施工作的通知》（教师厅函〔2022〕13号）。

2022年6月，人力资源社会保障部办公厅、教育部办公厅印发《关于做好2022年中小学幼儿园教师公开招聘工作的通知》（人社厅发〔2022〕21号）。

2022年7月，教育部办公厅、农业农村部办公厅、中国科协办公厅印发《关于支持建设一批科技小院的通知》（教研厅函〔2022〕7号）。

2022年7月，国家发展改革委《关于印发"十四五"新型城镇化实施方案的通知》（发改规划〔2022〕960号）。

2022年9月，教育部办公厅印发《关于进一步做好"优师计划"师范生培养工作的通知》（教师厅函〔2022〕22号）。

2022年10月，教育部发布《职业教育"双师型"教师认定工作的通知》（教师厅〔2022〕2号）。

2022年10月，中共中央办公厅、国务院办公厅印发《关于加强新时代高技能人才队伍建设的意见》。

2022年11月，中共中央办公厅、国务院办公厅印发《乡村振兴责任制实施办法》。

2022年11月，教育部、国家发展改革委、财政部等7部门印发《农村义务教育学生营养改善计划实施办法》（教财〔2022〕2号）。

2022年11月，国家乡村振兴局、教育部、工业和信息化部、人力资源社会保障部、住房城乡建设部、农业农村部、文化和旅游部、全国妇联印发《关于推进乡村工匠培育工作的指导意见》（国乡振发〔2022〕16号）。

专题二　农村医疗卫生事业发展专题报告

农村医疗卫生事业是我国医疗卫生事业的重要组成部分，关乎农民群众身体健康，关乎农村社会事业高质量发展。2022 年，各地各部门深入贯彻党的二十大精神，持续推进健康中国建设，大力开展健康中国行动和爱国卫生运动，推动医疗卫生资源向农村倾斜，农村基本医疗卫生服务可及性和公平性持续提高，农村医疗卫生事业发展取得积极进展。

一、推进农村医疗卫生事业发展的重要举措

（一）加强县域医疗卫生体系建设

一是持续推进紧密型县域医共体建设。2019 年以来，国家卫生健康委在全国启动开展紧密型县域医共体建设试点，确定山西、浙江、新疆 3 个试点省份，全国共 828 个试点县（市、区，下同）。在国家试点基础上，各地积极开展省级试点，截至 2022 年底，省级试点县达到 943 个，紧密型县域医共体建设进一步提速扩面。

二是先行先试推动基层卫生健康高质量发展。新增北京市密云区、广西壮族自治区防城港市上思县、海南省东方市、贵州省遵义市习水县等 4 个基层卫生健康综合试验区。国家卫生健康委对 8 个原有试验区和 4 个新增试验区实施统一管理，指导各试验区在加强基层卫生健康治理体系和治理能力、强化县域内医疗卫生资源统筹和布局优化、发展壮大乡村医疗卫生人才队伍、改革完善乡村医疗卫生体系运行机制、加强重大慢性病健康管理、提高基层防病治病

和健康管理能力、创新医防协同和医防融合机制等方面先行先试探新路，持续为推动基层卫生健康事业高质量发展建标杆、创经验。

（二）加强乡村医疗卫生服务能力建设

一是持续实施县域医疗卫生机构能力建设项目。2022年，中央对地方卫生健康转移支付县域医疗卫生机构能力建设项目补助资金24.12亿元，主要用于支持国家乡村振兴重点帮扶县、中西部脱贫县等地区解决提升医疗卫生机构能力、优质医疗资源紧缺等问题。通过项目支持，推动了优质医疗资源扩容和区域均衡布局，加强了农村医疗卫生机构的基础设施建设，提升了乡村医疗卫生服务能力，方便了人民群众就近获得优质的医疗卫生服务。

二是持续提升县医院综合服务能力。按照《"千县工程"县医院综合能力提升工作方案（2021—2025年)》部署，国家卫生健康委全面开展此项工作，2022年确立了将1 233家县医院纳入"千县工程"县医院综合能力提升范围。持续开展全国县医院医疗服务能力评估工作，2022年度达到基本标准合格及以上的县医院有1 856家（占比87.71%），达到推荐标准合格及以上的有964家（占比45.56%），较2021年度分别增加19家和75家。

三是持续提升基层医疗卫生服务能力。国家卫生健康委深入开展"优质服务基层行"活动和社区医院建设。在前期工作基础上，修订形成《乡镇卫生院服务能力标准（2022版)》和《社区卫生服务中心服务能力标准（2022版)》，新研究制定了《村卫生室服务能力标准（2022版)》，指导各地参照新版标准开展服务能力评审。2022年度达到"优质服务基层行"活动服务能力推荐标准的基层医疗卫生机构达7 100余家。2022年起，国家卫生健康委、国家中医药局要求各省（自治区、直辖市）对"优质服务基层行"活动达到推荐标准的乡镇卫生院和社区卫生服务中心开展绩效评价。

四是不断加强信息化建设。国家卫生健康委持续推动县域医共体内县级医疗机构和基层医疗卫生机构信息系统融合，依托区域全民健康信息平台，推动医疗卫生信息共享，发展远程医疗服务，以县级医疗卫生机构为纽带，辐射有条件的乡镇卫生院和村卫生室。全国统一的医保信息平台全面建成，实现了从国家到基层的标准全国统一、数据两级集中、平台分级部署、网络全面覆盖、系统安全可控，国家、省、市、县四级医保信息互联互通，数据有序共享。医保业务综合服务终端落地应用积极推进，全国实际应用终端设备超 3.29 万台，其中基层医疗卫生机构应用约 2 万台，有力地推进了基层医保信息化水平的提升。

（三）加强农村医疗卫生人才队伍建设

2022 年 3 月，国家卫生健康委、财政部等 6 部门联合印发《关于推进家庭医生签约服务高质量发展的指导意见》，提出要合理测算家庭医生签约服务费结算标准，原则上将不低于 70% 的签约服务费用于参与家庭医生签约服务人员的薪酬分配。7 月，国家卫生健康委印发《卫生健康系统贯彻落实以基层为重点的新时代党的卫生与健康工作方针若干要求的通知》，提出以县为单位动态调整乡镇卫生院人员编制总量，推动编制和人员在县域内统筹使用，盘活用好存量编制，重点向基层或边远地区倾斜。8 月，国家卫生健康委印发《"十四五"卫生健康人才发展规划》，强调推进全科医生队伍建设和加强村卫生室人才队伍建设，提出到 2025 年乡村医生中执业（助理）医师比例要达到 45% 左右。继续加强全科专业住院医师规范化培训，实施助理全科医生培训，全科医生转岗培训和农村订单定向医学生免费培养。各地积极推进"乡聘村用""员额制"等改革，探索将乡村医生纳入聘用人员管理，努力提高养老社保等待遇，增强乡村医疗卫生岗位吸引力。持续实施基层卫生人才能力提升培训项目，通过基层医院派员到二三级医院进修和上级医院专家下沉到基层机构发挥"传、帮、带"作用，着力提高基层医疗卫生机构服务能力和水平。

二、农村医疗卫生事业发展取得的主要成效

党的二十大明确提出，发展壮大医疗卫生队伍，把工作重点放在农村和社区。近年来，各地各部门始终坚持"以基层为重点"的卫生与健康工作方针，不断加强基层医疗卫生服务体系建设，积极改善基层医疗设施条件和服务能力，农村医疗卫生事业取得重要进展。

（一）乡村医疗卫生体系建设不断完善

1. 乡村医疗卫生机构网络进一步健全

目前，全国乡村医疗卫生机构网络实现乡镇、村屯全覆盖。农村地区 2.96 万个乡镇共设乡镇卫生院 3.4 万个，49 万个行政村共设村卫生室 58.8 万个，乡镇卫生院床位数达 145.6 万张（图 1）。第六次卫生服务统计调查显示，90% 的家庭 15 分钟内能够到达最

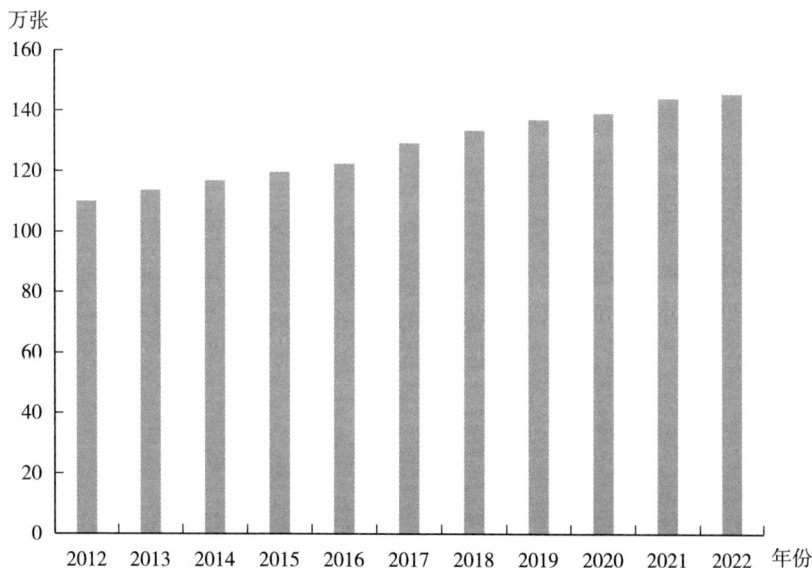

图 1　2012—2022 年乡镇卫生院床位数
数据来源：历年《中国卫生健康统计年鉴》。

近的医疗点，群众在"家门口"看病就医更加方便、可及程度进一步提高。

2. 紧密型县域医共体建设初见成效

近年来，县域医共体充分发挥其在统一管理、资源共享等方面的优势，统筹调配区域内医疗卫生资源，建立健全资源集约配置机制，在提升服务能力和质量、提高医疗卫生资源利用效能等方面取得积极成效。2022 年，828 个试点县共建成医共体 1 276 个，平均每个试点县 1.54 个，61.2% 的试点县（507 个）成立了 1 个县域医共体；符合紧密型标准的试点县达到 673 个，占比为 81.3%，比 2021 年提高 4.6 个百分点。

（二）乡村医疗卫生服务能力不断提高

近年来，随着城市医疗医联体和县域医共体建设不断推进，专家对口帮扶、特色科室建设、远程诊疗等举措深入实施，优质医疗资源逐步向农村基层下沉，基层医疗卫生机构基础设施条件不断改善，县域医疗服务能力逐步提升。截至 2022 年底，87.7% 的县医院达到了二级医院能力，45.6% 的县医院达到了三级医院能力。

1. 县医院医疗服务能力进一步提升

一是专科设置逐步完善。2022 年，超过 95.32% 的县医院能够掌握儿科、眼科、口腔科等一级科室，以及呼吸内科、内分泌科、心血管内科等二级科室常见病、多发病的规范化诊疗。重症医学科、康复医学科平均设置率提高到 80% 以上。达到急诊科基本标准的县医院占比达到 98.02%。二是诊疗能力进一步增强。2022 年，县医院收治病种种类亚目平均数为 1 489 种，比 2021 年增加 28 种，超过 97.49% 的县医院能够实施心搏骤停、心源性休克等急危重症的急诊规范处置；超过 95.79% 的县医院能够实施心衰、肾衰和呼衰的诊断与急救。三是服务数量和效率持续提升。2022 年，县医院平均诊疗人次为 39.63 万，比 2021 年增加 2.84 万，平均出院人数为 2.13 万，与 2021 年持平。

2. 基层医疗服务能力稳步提升

一是基础设施建设不断加强。2022 年，乡镇卫生院床位 145.6 万张，比 2021 年增加 3.9 万张。二是特色专科设置不断完善。2022 年，提供中医服务的乡镇卫生院占 99.4%，村卫生室占 81.2%。三是诊疗服务量稳步增长。2022 年乡镇卫生院诊疗人次 12.1 亿人次（图 2），村卫生室诊疗人次 12.8 亿人次，乡村两级诊疗量占县域诊疗量的比例为 64.8%。2022 年，乡镇卫生院次均门诊费用 92.2 元，为二级医院的 38.2%，次均住院费用 2 214.8 元，为二级医院的 32.6%。

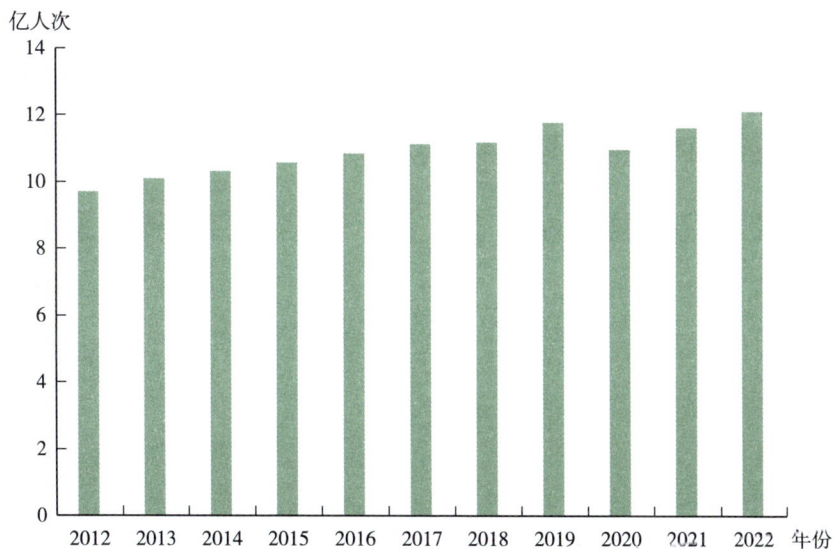

图 2　2012—2022 年乡镇卫生院诊疗人次

数据来源：历年《中国卫生健康统计年鉴》。

3. 基本公共卫生服务均等化效果日益显现

2022 年，我国基本公共卫生服务经费人均财政补助标准达到 84 元，服务项目包括两部分内容，一方面是主要由基层医疗卫生机构提供的健康教育、老年人健康管理、高血压和 2 型糖尿病等慢性病患者健康管理等 22 类项目；另一方面主要包括从原重大公共卫生服务等划入的地方病防治、职业病防治等 16 项内容。据统计，2022 年 0～6 岁儿童健康管理率、孕产妇系统管理率及 0～6 岁儿童眼保健和视力检查覆盖率均保持在 90％以上。在基层医疗卫生机构接受健康管理服务的 65 岁及以上老年人达到 1.27 亿人，接受健康管理服务的高血压患者、2 型糖尿病患者分别为 1.12 亿人、3 791 万人。

4. 家庭医生签约服务向高质量发展

2022 年，国家卫生健康委等 6 部门印发《关于推进家庭医生签约服务高质量发展的指导意见》，明确提出"六个拓展"，即全科向各专科拓展，基层医疗卫生机构向二、三级医院拓展，公立医疗卫生机构向民营医疗机构拓展，团队签约向与医生个人签约拓展，固定 1 年签约周期向灵活签约周期拓展，管理慢性病向慢性病和传染病共管拓展。各地积极落实文件精神，推动家庭医生签约服务取得明显成效。截至 2022 年底，全国 99％以上的地（市）和县（市、区）开展了家庭医生签约服务。

（三）乡村医疗卫生人才队伍进一步壮大

1. 乡村医疗卫生人员总量不断提升

从人员总量来看，2022 年底，全国乡镇卫生人员 153.1 万人，全国村卫生室人员 136.7 万人，其中执业（助理）医师和持乡村医生证的人员 114.1 万人，注册护士 20.4 万人。

从每千人口医疗人员数来看，2022 年，农村每千人口卫生技术人员 6.55 人，农村每千人口执业（助理）医师 2.53 人，农村每千人口注册护士 2.79 人。

2. 村医队伍结构进一步优化

村医是农村三级医疗卫生服务的网底，是保障农村居民健康的重要力量。近年来，通过落实考试、定向培养、公开招聘等多种渠道，村医正逐步向执业（助理）医师转化。2022年，全国共有村医114.1万人，其中44％的村医具有执业（助理）医师资格，其余56％具有乡村医生资格。而2012年，具有执业（助理）医师资格的村医仅占18.6％，其余81.4％均为乡村医生。10年以来，执业（助理）医师占比提高了25.4个百分点。

三、农村医疗卫生事业发展面临的主要问题

总的看，农村医疗卫生体系建设取得了重要进展，但发展不平衡不充分问题依然突出，农村地区防病治病和健康管理能力还不够强，乡镇卫生院运行机制不够活，乡村医生收入偏低、养老保障待遇不高等问题仍然广泛存在。

（一）县乡村三级医疗卫生服务体系不完善

一是部分基层医疗卫生机构布局不能适应乡村形态的变化。随着城镇化进程的加快，乡村人口数持续减少，加上一些平原地区县域内交通比较方便，县城医疗卫生资源比较丰富，一些村民更倾向于去县级以上医院就诊，造成一些乡镇卫生院和村卫生室资源闲置浪费。二是县乡村医疗卫生机构仍存在衔接不紧密的情况。在推进紧密型医共体建设中，很多地方尚未推进医保按人头总额预算管理，尚未建立结余留用、合理超支分担机制，部分机构之间的业务帮扶也流于形式，"一家人"的整合型理念还不够深入，互相竞争卫生人才和患者病源的现象还普遍存在。

（二）农村医疗卫生服务能力依然不强

一是县医院服务能力不平衡。2022年，东、中、西部地区县医院医疗服务能力基本标准符合率分别为89.86％、82.74％、75.26％，西部地区低于东部和中部地区。同时，一级科室和二级

科室的诊疗项目及技术符合基本标准的县医院占比不高，如精神科、眼科、血液内科、烧伤科等，而且还存在一些专科设备不齐全的现象。二是基层医疗卫生服务能力仍然不强。截至2022年底，达到"优质服务基层行"活动服务能力基本标准的基层医疗卫生机构占比为68.4%，其中达到服务能力推荐标准的仅占15.7%；社区卫生服务中心建成社区医院的数量为3 800余个。

（三）卫生人才短板成为制约乡村医疗体系发展的瓶颈

人才队伍是乡村两级医疗卫生机构可持续发展的核心力量。近年来，我国乡镇卫生院和村卫生室人员数量和质量得到双提升，但是远不能满足老龄化加速、慢性病高发等因素引起的农村居民快速增长的医疗新需求和新要求。一是乡村两级卫生人员数量不足，与城市还有一定差距。2022年，全国每千人口卫生技术人员数，城市为10.2人，农村为6.55人。另外，每万人口全科医生数为3.28人，与《"十四五"卫生健康人才发展规划》提出的"到2025年每万人口全科医生数达到3.93"的目标也有差距。二是乡镇卫生院执业（助理）医师和注册护士配置比例相对较低。2022年，全国乡镇卫生院医护比为1∶0.83，与《"十四五"卫生健康人才发展规划》提出的乡镇卫生院医护比达到1∶1.0仍有差距。随着分级诊疗制度和家庭医生签约服务的推进，特别是居民对家庭病床和居家护理需求量逐年扩大，乡镇卫生院注册护士现有配置难以满足实际需求。三是乡村医生学历水平不高。2022年，乡镇卫生院卫生技术人员中本科（含）以上学历仅占25.3%，具有中级和高级技术职务的仅占20.4%。

（四）乡村两级医疗卫生机构补偿和激励依然不够

近年来，由于城镇化和农村人口流出，中西部地区特别是偏远地区村卫生室服务人口（常住人口）较少，虽然基本公共卫生服务补助标准逐年增长，但当地乡村医生总体收入水平很难提高。特别是乡村医生以参加城乡居民基本养老保险为主，养老保障待遇不高。此外，近几年全国乡镇卫生院基层财政补助收入增长幅度有所降低，乡镇卫生院多渠道补偿作用弱化。

（五）县域优质医疗资源下沉不足，政策协同有待加强

一是"强基层"工作有待进一步加强。2018—2022 年，尽管县域内基层医疗卫生机构门急诊占比明显提升，但是医保基金占比略有降低。虽然基层医疗卫生机构财政补助收入占总收入的比例提高，但却低于全国平均水平。虽然基层医院人均收入有所提升，但与全国同类机构平均水平相比依然较低。二是医保管理、绩效评价和"强县域"政策协同有待加强。区域点数法总额预算、按病种分值付费试点（Diagnosis-Intervention Packet，DIP）支付方式和医共体总额付费政策融合仍处于探索阶段，尚缺乏有效的理论支撑和实践依据，需要医保部门、医共体、医疗机构加强协同，解决相关问题。比如针对公立医院的现行评审评价尚不能全面支持"资源下沉基层"，容易导致牵头医院强而未"强基层"。

四、促进农村医疗卫生事业发展的对策建议

我国已经进入全面推进乡村振兴，加快建设健康乡村的新时期，这要求必须围绕解决好农村医疗卫生问题，认真落实"以基层为重点"的卫生工作方针，积极出台切实管用政策举措，为乡村全面振兴筑牢健康网底。

（一）完善乡村医疗卫生服务体系

一是优化乡村医疗卫生机构布局。根据乡村形态变化和人口迁

徙流动情况，因地制宜合理配置乡村两级医疗卫生资源，从注重机构全覆盖转向更加注重服务全覆盖，防止资源浪费。二是全面推进紧密型县域医共体建设。在全国的农业县和涉农区全面推进紧密型县域医共体建设；持续加强县域医共体监测评价，引导牵头医院持续支持基层医疗卫生机构发展，突出医共体内的基层门急诊占比和基层医保基金支出占比等指标，促进资源和患者向乡村两级下沉；完善总额预算管理，对紧密型县域医共体实行医保基金总额付费、加强监督考核、结余留用、超支共担；完善结余留用机制，健全合理超支分担机制，结余资金分配向一线医务人员和基层医疗卫生机构倾斜。

（二）提升县乡医院服务能力

一是提升县级医院综合服务能力。落实好县医院综合能力提升的各项工作要求，做好"组团式"帮扶、三级医院对口帮扶、"万名医师支援农村卫生工程""千县工程"等工作，并按要求发挥好中央对地方卫生健康转移支付县域医疗卫生机构能力建设项目支持作用，提升县医院综合服务能力。针对发病率高、外转率高的疾病，县医院加快设置相关科室或专业组，开展相关诊疗项目及技术培训。针对县级医院当前服务能力短板，加快提升肿瘤、心脑血管、呼吸、消化、感染性疾病、儿科、麻醉、精神等专科能力。开展多种形式帮扶，向县级医院派驻管理人员和学科带头人，持续提升县级医院管理水平和医疗服务能力。

二是提升基层医疗卫生服务能力和质量。持续推进"优质服务基层行"活动，对照标准，进一步完善基层医疗房屋、设备、人员等配备，完善床位设置和住院病房管理，加强乡镇卫生院特色科室建设，推动更多的乡镇卫生院和村卫生室达到服务能力标准。充分发挥医共体牵头医院的县域龙头和城乡桥梁纽带作用，做好乡镇卫生院临床科室建设、住院病房、签约服务、慢性病管理等业务帮扶，推动县域医学检验、医学影像、心电诊断、病理、消毒供应等医疗资源共享，推进县域医共体内的医疗质控、人力资源、运营管理、医保管理、信息数据等高质量管理。

（三）加强乡村卫生人才队伍建设

一是多渠道扩充乡村卫生人才来源。根据当地实际需要，科学核增基层医疗卫生机构人员配备标准，合理核定村卫生室人员数量标准，并建立动态调整机制。逐步扩大农村订单定向医学生免费培养规模，完善其收入待遇等保障政策，做好履约管理，将更多订单定向生留在基层。积极推进"大学生乡村医生"专项计划，加大激励和保障力度，引导大学生乡村医生服务农村、扎根农村。

二是加强乡村卫生人才管理。支持各地定期动态调整乡镇卫生院人员编制总量，并拿出一定数量的岗位公开招聘符合条件的优秀大学生乡村医生，按规定落实相应保障待遇。探索通过"乡管村用""乡聘村用"等方式将乡村医生纳入乡镇卫生院统一管理，并享受相关保障待遇。加强现有乡村医生队伍能力提升培训，与地方医学院校协同推进学历提升教育，并向订单定向生或大学生乡村医生倾斜。对常住人口较少和没有村卫生室、短期内招不到合格乡村医生的行政村采取县乡巡诊服务、上级机构派驻、邻（联）村卫生室延伸服务等方式实现农村医疗卫生服务全覆盖。

（四）增强乡村医生岗位吸引力

一是稳步提高乡村医生收入水平。将乡村医生完成基本公共卫生服务、基本医疗、基本药物工作的经费列入县区财政的刚性支出范畴，优先保障，并建立动态调整机制；积极通过乡村一体化管理实现村卫生室医保结算，在有条件的地方支持符合条件的村卫生室纳入医保定点管理。按照地理位置、执业资格、学历等设定不同等级，建立人员岗位补助标准。落实村卫生室运行经费补助，减轻运行负担。整合乡村医生多渠道补偿资金，受聘乡村医生收入参照当地乡镇卫生院在编在岗同类人员基本工资核定比例按月发放，具有执业（助理）医师资格的乡村医生与乡镇卫生院医生同工同酬。二是分类施策，完善乡村医生养老保障。对于纳入编制管理的乡村医生，按有关规定参加城镇职工基本养老保险。无法纳入编制管理的乡村医生，由地方政府支持和引导参加城镇职工基本养老保险或城乡居民基本养老保险。

附录

2022 年 3 月，国家卫生健康委、财政部等 6 部门《关于推进家庭医生签约服务高质量发展的指导意见》（国卫基层发〔2022〕10 号）。

2022 年 4 月，国务院办公厅《关于印发"十四五"国民健康规划的通知》（国办发〔2022〕11 号）。

2022 年 6 月，国家卫生健康委办公厅、国家中医药局办公厅《关于深入开展"优质服务基层行"活动和社区医院建设的通知》（国卫办基层函〔2022〕183 号）。

2022 年 7 月，国家卫生健康委《关于印发卫生健康系统贯彻落实以基层为重点的新时代党的卫生与健康工作方针若干要求的通知》（国卫基层发〔2022〕20 号）。

2022 年 7 月，国家卫生健康委、国家中医药局《关于印发乡镇卫生院服务能力标准（2022 版）等 3 项服务能力标准的通知》（国卫基层函〔2022〕117 号）。

2022 年 7 月，国家卫生健康委、财政部、国家中医药局《关于做好 2022 年基本公共卫生服务工作的通知》（国卫基层发〔2022〕21 号）。

2022 年 8 月，国家卫生健康委《关于印发"十四五"卫生健康人才发展规划的通知》（国卫人发〔2022〕27 号）。

2022 年 11 月，国家卫生健康委、国家中医药局、国家疾控局《关于印发"十四五"全民健康信息化规划的通知》（国卫规划发〔2022〕30 号）。

2022 年 11 月，国家卫生健康委办公厅、国家中医药局办公厅《关于深入开展"优质服务基层行"活动加强基层医疗卫生机构绩效评价的通知》（国卫办基层函〔2022〕410 号）。

专题三 农村社会保障事业发展专题报告

党的十八大以来，我国建成了世界上规模最大的社会保障体系，人民群众获得感、幸福感、安全感更加充实、更有保障、更可持续。2022年，我国社会保障制度改革已进入系统集成、协同高效的新阶段，社保治理能力按下"加速键"，整体保障水平稳步提升，农村社会保障网底进一步织密织牢。

一、推进农村社会保障事业发展的重要举措

（一）不断强化农村社会救助事业政策引导

深化社会救助制度改革，持续加强兜底保障能力，推动社会救助扩围增效，确保"应保尽保、应救尽救"。3月，民政部印发《关于深入学习贯彻习近平总书记重要讲话精神　进一步做好困难群众兜底保障等工作的意见》，指导地方深化社会救助制度改革，精准实施社会救助兜底保障政策，突出抓好社会福利和特殊困难群体关爱帮扶工作，切实保障好农村困难群众基本生活。6月，民政部、财政部联合印发《关于切实保障好困难群众基本生活的通知》，部署各地应对新冠疫情影响，为低保对象、特困人员、符合条件的未参保失业人员等增发一次性生活补贴或临时救助金，全力保障因疫因灾遇困群众基本生活。10月，民政部、中央农办、财政部、国家乡村振兴局联合印发《关于进一步做好最低生活保障等社会救助兜底保障工作的通知》，强调加大低保扩围增效工作力度，指导地方规范完善低保准入条件，完善低保家

庭经济状况评估认定，落实低保渐退政策，细化低保边缘家庭认定条件。此外，为推动社会救助更加精准高效，围绕不断建立完善社会救助主动发现和预警机制，民政部等部门先后印发《关于建立完善社会救助主动发现机制的通知》《关于进一步健全完善社会救助家庭经济状况核对机制的意见》《社会救助信息共享和数据利用管理办法》等文件，指导基层及时识别并归集低收入人口基本信息，加强社会救助部门间信息共享和数据利用，拓展全国低收入人口动态监测平台监测预警功能，及早发现低收入人口风险点。

（二）加快补齐农村养老服务短板

将加强农村养老服务作为全面推进乡村振兴、补齐城乡基本养老服务短板的重点来抓，不断完善制度设计，提升保障水平，强化服务监管，推动农村养老服务高质量发展。2月，民政部、财政部、住房城乡建设部、中国残联联合印发《关于推进"十四五"特殊困难老年人家庭适老化改造工作的通知》，支持 200 万户特殊困难老年人家庭实施适老化改造，切实增强农村老年人居家养老的安全性、便利性。6月，中共中央办公厅、国务院办公厅印发《关于加快基本养老服务体系建设的意见》，明确了国家基本养老服务清单，着力为老年人提供基础性、普惠性、兜底性的养老服务保障。9月，民政部等 10 部门制定《关于开展特殊困难老年人探访关爱服务的指导意见》，部署各地面向特殊困难老年人开展探访关爱服务，预防和减少农村老年人居家养老安全风险，强化养老服务兜底线、保基本功能。强化县乡两级养老机构对失能、部分失能特困老年人的兜底保障，深入实施农村敬老院改造提升工程和公办养老服务机构能力提升项目。在服务监管方面，开展打击整治养老服务诈骗专项行动，指导各地全面清理整治养老服务涉诈风险，有效维护农村老年人合法权益。此外，《中共中央　国务院关于做好 2022 年全面推进乡村振兴重点工作的意见》《中共中央办公厅 国务院办公厅关于推进以县城为重要载体的城镇化建设的意见》《"十四五"国家老龄事业发展和养老服务体系规划》等均对发展农村养老服务作出了重要部署。

（三）持续做好农村居民基本医疗保障工作

持续深化医疗保障制度改革，提高经办管理服务能力。6月，国家医疗保障局、财政部联合印发《关于进一步做好基本医疗保险跨省异地就医直接结算工作的通知》，着力深化基本医疗保险跨省异地就医直接结算改革、破解异地就医备案不便捷等堵点难点问题，明确 2025 年底前，跨省异地就医直接结算制度体系和经办管理服务体系更加健全，全国统一的医保信息平台支撑作用持续强化，国家异地就医结算能力显著提升等目标任务。6月，国家医疗保障局、财政部、国家税务总局联合印发《关于做好 2022 年城乡居民基本医疗保障工作的通知》，就合理提高筹资标准、巩固提升待遇水平、促进制度规范统一、做好医保支付管理、加强药品耗材集中带量采购和价格管理、强化基金监管和运行分析、健全医保公共管理服务等方面进行全面部署。在健全服务体系方面，加快健全医疗保障经办服务体系，大力推进服务下沉，依托乡镇便民服务中心、村（居）党群服务中心、卫生院（室）等开展农村地区医保经办服务。全面推进包括农村居民在内参保患者医疗费用地市统筹区内"一站式"结算，减轻群众看病就医垫资压力。在防止因病返贫致贫方面，优化完善资助参保政策，全额资助农村特困人员，定额资助低保对象和返贫致贫人口，过渡期内对脱贫不稳定且纳入相关农村低收入人口监测范围的给予定额资助，有针对性减轻农村低收入人口参保缴费压力。在原承担医保脱贫攻坚任务的 25 个省份开展高额医疗费用负担患者监测预警，各省（自治区、直辖市）参照当地居民上年度人均可支配收入的一定比例，分类细化因病返贫和因病致贫监测标准，建立健全部门间风险信息数据共享机制，并完善依申请救助机制，协同实施综合帮扶。2022年，各地主动推送高额费用患者信息625.7万人次，经核查认定，开展直接医疗救助21.6万人。

（四）促进农民工特别是脱贫人口就业创业

将农民工特别是脱贫人口作为就业工作的重点服务对象，坚持外出务工和就近就业两大方向，不断健全劳务协作机制，加大创业支持力度，培育壮大劳务品牌，强化政策服务保障，促进就业增收。11月，人力资源社会保障部、国家发展改革委、财政部等5部门联合印发《关于进一步支持农民工就业创业的实施意见》，明确稳定就业岗位、引导有序外出、促进就近就业创业、强化就业服务保障、实施防止返贫就业攻坚行动等支持举措，多措并举促进农民工及脱贫人口就业创业。11月，人力资源社会保障部、国家发展改革委、农业农村部等8部门联合印发《关于实施重点群体创业推进行动的通知》，推动实施创业环境优化、创业主体培育、创业服务护航、创业培训赋能等八大计划，激发创业创新主体活力。在脱贫人口就业帮扶方面，3月，人力资源社会保障部、国家发展改革委、财政部等5部门联合印发《关于做好2022年脱贫人口稳岗就业工作的通知》，将防止返贫监测对象全部纳入就业帮扶政策范围。实施企业吸纳就业社会保险补贴"直补快办"行动，鼓励支持企业更多吸纳脱贫人口就业；依托东西部协作、对口支援、省内协作机制，面向国家乡村振兴重点帮扶县和易地搬迁万人安置区等重点地区开展常态化就业协作帮扶。

（五）强化对残疾人群体的支持关爱

重点就加大对残疾人的就业支持力度、构筑残疾人关爱服务体系等方面开展工作，大力推动残疾人共同富裕和残疾人事业全面发展。2月，中国残联、教育部、人力资源社会保障部等5部门联合印发《"十四五"残疾人职业技能提升计划》，明确了"十四五"时期残疾人职业技能培训工作的总体要求、主要目标、重点任务，提出大力开展残疾人职业技能培训，建立供给充足、载体多元、形式多样、管理规范的残疾人职业技能培训体系。3月，国务院办公厅印发《促进残疾人就业三年行动方案（2022—2024年)》，提出2022—2024年共实现全国城乡新增残疾人就业100万人的目标，决定在三年内实施农村残疾人就业帮扶十项行动。此外，围绕残疾人教育、医疗、基础设施等方面，2022年中国残联印发《关于贯彻落实〈"十四五"特殊教育发展提升行动计划〉的通知》，国家卫生健康委、国家发展改革委、民政部等9部门联合印发《关于开展社区医养结合能力提升行动的通知》，国家卫生健康委、国家发展改革委、教育部等11部门联合印发《关于进一步推进医养结合发展的指导意见》等文件，全方位强化对残疾人生活的支持和关爱。人力资源社会保障部、国家乡村振兴局、中国残联还在全国组织开展就业援助月专项活动，民政部、财政部、国家卫生健康委、中国残联启动为期三年的全国精神障碍社区康复服务融合行动。

二、农村社会保障事业发展取得的主要成效

（一）农村社会救助工作水平不断提高

农村低保平均标准稳步提升。截至2022年底，我国共有低保对象4 032万人，其中农村低保对象3 349.6万人，2022年农村低保平均标准达6 985.2元/（人·年），较2021年增加了623元/（人·年）、增长9.8%（表1）。

表1　2012—2022年农村低保情况

年份	低保人数 （万人）	各级财政支出 （亿元）	平均标准 [元/(人·年)]	平均标准增长率 （%）
2012	5 344.5	718.0	2 067.8	20.3
2013	5 388.0	866.9	2 434.0	17.7
2014	5 207.2	870.3	2 777.0	14.1
2015	4 903.6	931.5	3 177.6	14.4
2016	4 586.5	1 014.5	3 744.0	17.8
2017	4 045.2	1 051.8	4 300.7	14.9
2018	3 519.1	1 056.9	4 833.4	12.4
2019	3 455.4	1 127.2	5 335.5	10.4
2020	3 620.8	1 426.3	5 962.3	11.7
2021	3 474.5	1 349.0	6 362.2	6.7
2022	3 349.6	1 463.6	6 985.2	9.8

数据来源：民政部2012—2017年《社会服务发展统计公报》，2018—2022年《民政事业发展统计公报》。

农村特困人员救助力度持续加大。截至2022年底，全国共有农村特困人员434.5万人。2022年农村特困人员基本生活平均标准为10 672元/(人·年)，全自理、半护理和全护理照料护理平均标准分别为2 051元/(人·年)、4 663元/(人·年) 和9 569元/(人·年)；全年支出农村特困人员救助供养资金477.1亿元，较2021年的429.4亿元增加11.1%，较2015年的210.0亿元增加127.2%（表2）。此外，民政部指导地方贯彻落实2021年新修订的《特困人员认定办法》，适度放宽认定条件，将符合条件的农村困难老年人全部纳入救助供养范围；健全完善经济困难的高龄、失能老年人补贴制度，有效缓解农村老年人生活困难。

表2 2015—2022年农村特困人员救助供养情况

年份	农村特困人员 （万人）	各级财政支出 （亿元）	财政支出增长率 （%）
2015	516.7	210.0	10.6
2016	496.9	228.9	9.0
2017	466.9	269.4	17.7
2018	455.0	306.9	13.9
2019	439.1	346.0	12.7
2020	446.3	424.0	22.5
2021	437.3	429.4	1.3
2022	434.5	477.1	11.1

数据来源：民政部2015—2017年《社会服务发展统计公报》，2018—2022年《民政事业发展统计公报》。

（二）城乡居民基本养老保险待遇及农村养老服务水平稳步提升

城乡居民基本养老保险参保人数持续增加，受益范围不断扩大。截至2022年底，城乡居民基本养老保险参保人数54 952万人（占我国基本养老保险参保人数的52.2%、实际领取待遇人数为16 464万人），较上年末增加155万人，较2014年增加4 845万人。2014—2022年，我国城乡居民基本养老保险参保人数增长了9.7%（表3）。

表3 2014—2022年城乡居民基本养老保险参保人数及养老金情况

年份	参保人数 （万人）	基金收入 （亿元）	基金支出 （亿元）	累计结存 （亿元）
2014	50 107	2 310	1 571	3 845
2015	50 472	2 855	2 117	4 592

(续)

年份	参保人数（万人）	基金收入（亿元）	基金支出（亿元）	累计结存（亿元）
2016	50 847	2 933	2 150	5 385
2017	51 255	3 304	2 372	6 318
2018	52 392	3 838	2 906	7 250
2019	53 266	4 107	3 114	8 249
2020	54 244	4 853	3 355	9 759
2021	54 797	5 339	3 715	11 396
2022	54 952	5 609	4 044	12 962

数据来源：人力资源社会保障部 2014—2022 年《人力资源和社会保障事业发展统计公报》。

养老保险基金保持收大于支，累计结余持续增加，保证了按时足额发放，基本实现"累计有结余，长远有储备"。2022 年，我国城乡居民基本养老保险基金收入 5 609 亿元、支出 4 044 亿元，年末基金累计结存 12 962 亿元，同比增长 13.7%，城乡居民养老保险待遇达到月人均 196 元。

农村养老服务供给能力不断强化。截至 2022 年底，全国共有农村特困人员供养服务设施（敬老院）1.7 万个，床位 179.4 万张。

（三）城乡居民基本医疗保险保障能力明显提升

城乡居民基本医疗保险参保覆盖面广泛，补助标准稳步提升，大病保险减负功能明显增强。截至 2022 年底，我国基本医保参保覆盖面稳定在 95%，城乡居民基本医疗保险基金收入 10 128.9 亿元、支出 9 353.44 亿元，年末基金累计结存 7 534.13 亿元，同比增长 12.2%（表 4）。原承担医保脱贫攻坚任务的 25 个省份共资助 8 899.1 万人参加基本医疗保险，支出 180.2 亿元，人均资助

202.6元，农村低收入人口和脱贫人口参保率稳定在99%以上，实现"看病有制度保障"。居民医保人均财政补助标准不断提高，2022年再提高30元，达到每人每年不低于610元。此外，大病患者报销水平普惠性提高，政策范围内报销比例不低于60%，并对低保对象、特困人员、返贫致贫人口实施降低起付线、提高报销比例、取消封顶线等倾斜支付。基本医疗保险、大病保险、医疗救助等医保帮扶政策累计惠及农村低收入人口1.45亿人次，减轻医疗费用负担1 487亿元。

表4　2019—2022年城乡居民基本医疗保险金收入情况

年份	基金收入 （亿元）	基金支出 （亿元）	累计结存 （亿元）
2019	8 575.00	8 191.00	5 143.00
2020	9 115.00	8 165.00	6 077.00
2021	9 724.48	9 296.37	6 716.58
2022	10 128.90	9 353.44	7 534.13

数据来源：国家医保局2019—2022年《全国医疗保障事业发展统计公报》，2021年《中国乡村振兴发展报告》。

医保信息化标准化建设取得重要突破，便民服务水平不断提升。2月，国家医保局印发《关于进一步深化推进医保信息化标准化工作的通知》，指导地方扎实推进全国统一的医保信息平台深化应用和运行维护，充分发挥平台支撑和引领作用，不断提升医保服务支撑能力。当年，全国统一的医保信息平台全面建成，实现了从国家到基层的标准全国统一、数据两级集中、平台分级部署、网络全面覆盖、系统安全可控，国家、省、市、县四级医保信息互联互通，数据有序共享。在信息化加持下，实现城乡居民基本医保参保登记和参保信息变更登记"跨省通办"。同时，为积极适应人口流动，各地医保部门持续做好包括进城务工人员在内的流动人口参保工作，与单位有稳定劳动关系的应随单位参加职工医保，由单位和个人共同缴费；没有稳定劳动关系的既可以灵活就业身份缴费参加职工医保，也可选择参加城乡居民基本医保，在个人缴费的基础上享受财政普惠性的参保补助。

（四）农民工社会保障水平稳步提高

灵活就业制度不断优化，农民工权益得到切实保障。6月，人力资源社会保障部、民政部、财政部等5部门联合印发《关于加强零工市场建设　完善求职招聘服务的意见》，通过强化零工市场信息服务、零工快速对接服务、就业创业培训服务、困难零工帮扶服务等手段，加强灵活就业人员服务和权益保障。各地区积极推进灵活就业人员参加职工养老保险，完善农民工跨制度、跨区域的养老保险关系转移接续办法，更好保障农民工养老保险权益。畅通失业保险关系跨省转移接续，完善失业保险关系跨省转移接续平台，方便农民工跨省失业保险关系转移接续。各省份积极推进统一农民工和城镇职工失业保险参保办法，促进失业保障公平，31个省（自治区、直辖市）和新疆生产建设兵团均从制度上统一了参保办法，农民工可按照城镇职工方式参加失业保险，按规定享受失业保险金等失业保险待遇。

（五）残疾人社会保障与服务逐步完善

残疾人康复服务工作水平不断提高。2022年，全国已有残疾人康复机构11 661个，康复机构在岗人员达32.8万人，全国已竣工的各级残疾人综合服务设施2 263个（表5）。以农村低收入残疾人为重点，持续开展残疾人精准康复服务行动，856.7万残疾人得到基本康复服务，164.8万残疾人得到基本辅助器具适配服务。

表5　2017—2022 年残疾人服务机构及人员设施情况

年份	康复机构（个）	在岗人员（万人）	托养服务机构（个）	综合服务设施（个）
2017	8 334	24.6	7 923	2 340
2018	9 036	25.0	8 435	2 364
2019	9 775	26.4	9 941	2 341
2020	10 440	29.5	8 370	2 318
2021	11 260	31.8	11 278	2 290
2022	11 661	32.8	—	2 263

数据来源：中国残联《2017 年中国残疾人事业发展统计公报》，2018—2022 年《残疾人事业发展统计公报》。

残疾人社保权益制度不断完善。截至 2022 年底，参加城乡居民基本养老保险的残疾人数达 2 761.7 万（表6），1 209.3 万残疾人领取养老金。60 岁以下参保的残疾人中，共有 977.8 万人得到参保缴费资助。

表6　2017—2022 年残疾人参加城乡居民基本养老保险情况

年份	参加城乡社会养老保险残疾人数（万人）	重度残疾人获得参保扶助人数（万人）
2017	2 614.7	529.5
2018	2 561.2	576.0
2019	2 630.7	618.2
2020	2 699.2	657.9
2021	2 733.1	685.9
2022	2 761.7	692.3

数据来源：中国残联《2017 年中国残疾人事业发展统计公报》，2018—2022 年《残疾人事业发展统计公报》。

残疾人自主就业成效显著。《2022 年残疾人事业发展统计公报》显示，2022 年全国城乡持证残疾人就业人数为 905.5 万人，城乡残疾人新增就业 59.2 万人（农村新增就业 44.9 万人）（表 7）。全国城乡持证残疾人中，按比例就业 86.7 万人，集中就业 26.0 万人，个体就业 64.1 万人，公益性岗位就业 17.9 万人，辅助性就业 15.2 万人，灵活就业 265.6 万人，从事农业（含种养加）430.0 万人，残疾人就业稳定发展，就业质量逐步提升。

表 7 2017—2022 年残疾人就业情况

年份	持证残疾人就业人数（万人）	持证残疾人新增就业（万人）	
		全国	其中：农村
2017	942.1	35.5	22.4
2018	948.4	36.7	24.9
2019	855.2	39.1	26.9
2020	861.7	38.1	24.9
2021	881.6	40.8	27.6
2022	905.5	59.2	44.9

数据来源：中国残联《2017 年中国残疾人事业发展统计公报》，2018—2022 年《残疾人事业发展统计公报》。

三、农村社会保障事业发展面临的主要问题

我国农村社会保障相对城市而言，在保障内容和水平上均有差距，区域间保障水平也存在差异，在满足农村养老、医疗、照护等方面同农民期盼还有一定距离。

（一）农村医疗和养老保险制度仍需完善

近年来，城乡居民基本医保制度持续完善，国家不断加大财政投入，同步提高个人缴费水平，巩固提高居民待遇保障。但同时，个人缴费部分的增加给一些农村家庭尤其是低收入家庭带来一定压

力，客观上影响农民参保积极性。另外，城乡居民基本养老保险月人均养老金低于 200 元，且增长较慢，与农民期盼还有一定差距。

（二）农村养老服务保障能力还需提升

农村社会养老服务主要依赖政府引导和财政保障，社会资金等多元投入不足。一方面，一些农村敬老院服务设施不完善，入住率较低，可持续经营能力较弱；另一方面，农村养老服务供给总体较为简单，生活照料、助餐助行、紧急救护、精神慰藉等多元服务格局还未形成，难以满足农村老年人日益增长的养老服务需求。

（三）农民工社会保障制度仍需完善

农民工是灵活就业从业人员中的重要群体，其社会保障水平仍需不断提升。目前，现有户籍制度在一定程度上影响着农民工在城市享有的社会保障权益，既不利于农民工在城市稳定生活和就业，也给城市的社会管理和公共服务带来挑战。农民工的社会保障在地区间还存在不少差异，统筹协调难度较大。

（四）农村残疾人社会事业发展不平衡不充分

农村残疾人收入来源主要包括家庭供给、就业工资、离退休金以及低保等，但由于受教育程度偏低、职业技术培训不足、就业渠道受限，农村残疾人面临增收潜力有限的问题。此外，残疾人事业城乡发展不均衡，与城镇相比，农村残疾人享受的基本公共服务、生活环境条件等相对较差，特别是重度残疾人的照护水平与生活质量偏低。

四、促进农村社会保障事业发展的对策建议

党的二十大报告对加强社会保障作出了重要部署，为新时期加

快健全社会保障体系、促进农村社会保障事业发展提供了基本遵循。

（一）进一步健全农村社会保障体系

一是健全完善保障结构。立足人民群众的保障需求及其变化趋势，坚持以社会保险为主体，社会救助保底层，积极完善社会福利、慈善事业、优抚安置等制度，健全覆盖全民、统筹城乡、公平统一、安全规范、可持续的多层次社会保障体系。二是加大投入力度。提高社会保障支出水平，适度增强对落后地区社会保障的倾斜力度。建立健全多元主体参与机制，通过税收优惠、费用减免等措施，激励社会、市场主体参与社会保障体系建设。扩大社会保险覆盖面，持续健全基本养老、基本医疗保险筹资和待遇调整机制。探索通过发展农村集体经济补充农村居民福利需要。三是加强保障管理。推进社会保障法治化，从立法、执法、司法、守法各环节全面加强社会保障工作。

（二）健全完善农村医疗和养老保险制度

一是进一步完善医保缴费制度，为农村低收入人口等特殊群体提供更多的补贴或减免政策。二是进一步优化城乡居民基本养老保险缴费档次，完善待遇调整机制，增强制度的适应性和灵活性，稳步提高城乡居民基本养老保险基础养老金。同时，加大宣传力度，提高农村居民对养老保险政策的认知和了解程度，优化社保经办服务，提高缴费便利度。

（三）加快发展农村养老服务

一是持续完善服务设施。坚持统筹化、专业化、可持续，优化整合农村养老服务设施，以乡镇为单位探索推进区域养老服务中心建设，对农村养老院、互助养老设施等做好改造提升，提高照护服务能力，加快构建功能完善的县乡村三级养老服务网络。二是优化养老服务供给。加强农村养老服务顶层设计，推动更多项目、资源、资金投向农村领域，依托现有养老设施，鼓励引导各地因地制宜推进机构集中养老、互助养老和居家养老，丰富服务内容和质量。

（四）积极解决农民工社会保障问题

一是依法维护农民工社保权益。督促企业依法保障农民工工资发放、基本保险、休息休假、教育培训、卫生健康、劳动安全等基本权益，畅通农民工维权渠道，切实解决侵害农民工社保权益的问题。二是加强农民工法律援助服务。支持法律援助机构在农民工集聚地设立法律援助工作站或联络点，对农民工追索劳动报酬等案件优先受理、优先审查、优先指派。三是多渠道做好法治宣传教育。一方面强化农民工社会保障法律意识，提高依法维权能力；另一方面增强用人单位遵法守法意识，保障农民工合法权益。

（五）加快促进残疾人事业全面发展

一是注重激发内生动力。根据社会发展和产业结构调整需要，鼓励农村残疾人积极参加职业技能培训和实用技术培训。充分利用数字时代机遇，引导农村残疾人提升数字素养与技能，帮助其了解新事物，体验新科技，提高就业增收能力。二是持续加大投入力度。加快补齐农村残疾人康复、医疗、文化、教育、无障碍设施等公共服务短板，推动城乡残疾人事业均衡发展。三是抢抓东西部协作机遇。进一步完善东西部残疾人帮扶协作项目库，努力推动建立东西部残疾人帮扶协作长效机制。

附录

2022年2月，国家医疗保障局《关于进一步深化推进医保信息化标准化工作的通知》（医保发〔2022〕8号）。

2022年2月，民政部、财政部、住房城乡建设部、中国残联《关于推进"十四五"特殊困难老年人家庭适老化改造工作的通知》（民办发〔2022〕9号）。

2022年3月，民政部《关于深入学习贯彻习近平总书记重要讲话精神 进一步做好困难群众兜底保障等工作的意见》（民发〔2022〕19号）。

2022年3月，人力资源社会保障部、国家发展改革委、财政部、农业农村部、国家乡村振兴局《关于做好2022年脱贫人口稳岗就业工作的通知》（人社部发〔2022〕13号）。

2022年3月，国务院办公厅《关于印发促进残疾人就业三年行动方案（2022—2024年）的通知》（国办发〔2022〕6号）。

2022年5月，国家乡村振兴局、民政部《关于印发〈社会组织助力乡村振兴专项行动方案〉的通知》（国乡振发〔2022〕5号）。

2022年6月，中共中央办公厅、国务院办公厅印发《关于加快基本养老服务体系建设的意见》（中办发〔2022〕42号）。

2022年6月，民政部、财政部《关于切实保障好困难群众基本生活的通知》（民发〔2022〕32号）。

2022年6月，人力资源社会保障部、民政部、财政部、住房城乡建设部、国家市场监督管理总局等5部门《关于加强零工市场建设 完善求职招聘服务的意见》（人社部发〔2022〕38号）。

2022年6月，国家医疗保障局、财政部、国家税务总局《关于做好2022年城乡居民基本医疗保障工作的通知》（医保发

〔2022〕20 号）。

2022 年 6 月，国家医疗保障局、财政部《关于进一步做好基本医疗保险跨省异地就医直接结算工作的通知》（医保发〔2022〕22 号）。

2022 年 9 月，民政部、中央政法委、中央文明办等 10 部门《关于开展特殊困难老年人探访关爱服务的指导意见》（民发〔2022〕73 号）。

2022 年 10 月，民政部、中央农村工作领导小组办公室、财政部等 4 部门《关于进一步做好最低生活保障等社会救助兜底保障工作的通知》（民发〔2022〕83 号）。

2022 年 11 月，国家医保局办公室、民政部办公厅、财政部办公厅、国家卫生健康委办公厅、国家乡村振兴局综合司《关于坚决守牢防止规模性返贫底线 健全完善防范化解因病返贫致贫长效机制的通知》（医保办发〔2022〕21 号）。

2022 年 11 月，人力资源社会保障部、国家发展改革委、教育部等 8 部门《关于实施重点群体创业推进行动的通知》（人社部发〔2022〕81 号）。

2022 年 11 月，人力资源社会保障部、国家发展改革委、财政部等 5 部门《关于进一步支持农民工就业创业的实施意见》（人社部发〔2022〕76 号）。

专题四 农村文化体育事业
发展专题报告

党的二十大报告指出，中国式现代化是物质文明和精神文明相协调的现代化，物质富足、精神富有是社会主义现代化的根本要求。2022年，各地各部门认真落实党中央、国务院决策部署，统筹推动农村物质文明和精神文明建设，农民文体生活不断丰富，乡村文体活动日益繁荣，有力促进了宜居宜业和美乡村建设和乡村文化振兴。

一、推进农村文化体育事业发展的重要举措

2022年，各地各部门不断加大农村文化体育事业投入力度，持续优化城乡资源配置，积极完善农村公共文体服务体系，广泛开展群众性文体活动，不断满足农民群众日益增长的文化健康需求。

（一）加强顶层设计与制度建设

党的二十大报告提出推进城乡精神文明建设融合发展，强调要促进群众体育和竞技体育全面发展，要加快建设体育强国。2月，中共中央、国务院印发《关于做好2022年全面推进乡村振兴重点工作的意见》，指明农村文体事业年度工作重点，提出要创新农村精神文明建设有效平台载体，探索统筹推动城乡精神文明融合发展的具体方式，启动实施文化产业赋能乡村振兴计划，支持农民自发组织开展体现农耕农趣农味的文化体育活动。3月，中共中央办公厅、国务院办公厅印发《关于构建更高水平的全民健身公共服务体

系的意见》，提出推动全民健身公共服务城乡区域均衡发展，完善农村全民健身公共服务网络，逐步实现城乡服务内容和标准统一衔接。5月，中共中央办公厅、国务院办公厅印发《乡村建设行动实施方案》，强调推进文化礼堂、文化广场、乡村戏台、非遗传习场所等公共文化设施建设，加强农村全民健身场地设施建设。6月，农业农村部、体育总局、国家乡村振兴局印发《关于推进"十四五"农民体育高质量发展的指导意见》，提出健全完善农民健身公共服务体系，创新农民体育发展方式，促进农体文体智体融合，不断满足农民群众对美好生活的需要，推动农民体育健身事业高质量发展。8月，中共中央办公厅、国务院办公厅印发《"十四五"文化发展规划》，提出统筹推进公共文化数字化重点工程建设，把服务城乡基层特别是农村作为着力点，不断缩小城乡之间的数字鸿沟；对培育和发展农村院线，促进新片大片进入农村市场等规划部署。

（二）强化农村文化体育事业投入

农村公共文化体育服务设施投入持续增加。2022年，中央财政安排公共文化服务体系建设相关资金234.39亿元，支持创新实施文化惠民工程，促进基本公共文化服务标准化、均等化。支持全国3 303个公共图书馆、718个美术馆、3 503个文化馆、42 120个乡镇（街道）综合工作站、6 565个博物馆，按规定免费开放和提供公益性讲座、展览等基本公共文化服务。保障广大群众读书看报、观看电视、观赏电影、进行文化鉴赏、开展文化体育活动等基本文化权益。

中央财政安排中央集彩公益金24亿元，用于落实全民健身国家战略，丰富体育供给，推动群众体育和竞技体育协调发展，加快推进体育强国建设。安排公共文化服务体系专项资金2亿元实施"全民健身场地器材补短板乡镇街道项目"，支持尚未配备全民健身场地器材的脱贫县乡镇（街道）配置全民健身场地器材，补助项目共 1 000 个。安排公共体育场馆补助资金 10.8 亿元，用于推动 2 180 个公共体育场馆向社会免费或低收费开放。落实中央资金 16.39 亿元，深入推进智慧广电固边、"三区三州"市级广电融合提升、老少边欠发达地区实施县级应急广播体系、民族地区有线高清交互数字电视机顶盒推广普及等工程项目，不断提升乡村广播电视基础设施建设水平。

（三）重视传承弘扬优秀农耕文化

2022 年中央 1 号文件强调加强农耕文化传承保护，推进非物质文化遗产和重要农业文化遗产保护利用。6 月，文化和旅游部、教育部、科技部等 10 部门印发《关于推动传统工艺高质量传承发展的通知》，提出要努力推动传统工艺实现创造性转化、创新性发展，更好地服务于经济社会发展和人民高品质生活；强调进一步发挥传统工艺在培育传统文化产业、促进乡村振兴、服务经济社会高质量发展、弘扬中华优秀传统文化、促进民族团结等方面的作用。7 月，农业农村部办公厅印发《关于做好 2022 年中国农民丰收节有关工作的通知》，明确提出要弘扬传承中华优秀农耕文化，进一步激发农民群众创造美好生活的干劲。住房城乡建设部等 6 部门联合印发《关于做好第六批中国传统村落调查推荐工作的通知》，组织各地开展中国传统村落调查认定，守护中华农耕文明，传承优秀传统文化。11 月，国家乡村振兴局、教育部、工业和信息化部等 8 部门联合印发《关于推进乡村工匠培育工作的指导意见》，指出要建立和完善乡村工匠培育机制，挖掘培养一批、传承发展一批、提升壮大一批乡村工匠，激发广大乡村手工业者、传统艺人创新创造活力，带动乡村特色产业发展，促进农民创业就业，为乡村全面振兴提供重要人才支撑。12 月，农业农村部办公厅印发通知，部署开展第七批中国重要农业文化遗产挖掘认定工作。

（四）推动农村移风易俗

2022年中央1号文件强调，推广积分制等治理方式，有效发挥村规民约、家庭家教家风作用，推进农村婚俗改革试点和殡葬习俗改革，开展高额彩礼、大操大办等移风易俗重点领域突出问题专项治理。4月，中央农办、农业农村部、国家乡村振兴局组织第三届"县乡长说唱移风易俗"活动，各地踊跃参加、积极组织，并在京举办优秀节目展演，受到农民普遍欢迎。5月，中共中央办公厅、国务院办公厅印发《乡村建设行动实施方案》，强调持续推进农村移风易俗，健全道德评议会、红白理事会、村规民约等机制，治理高额彩礼、人情攀比、封建迷信等不良风气，推广积分制、数字化等典型做法。8月，农业农村部、中央组织部、中央宣传部等8部门联合印发《开展高价彩礼、大操大办等农村移风易俗重点领域突出问题专项治理工作方案》，提出要在全国范围开展农村移风易俗重点领域突出问题专项治理。

（五）发展农村体育事业

4月，体育总局印发《关于进一步做好老年人体育工作的通知》，支持符合条件的乡镇（街道）和城乡社区依法建立老年人体育协会，行政村普遍建有老年人健身站点和体育健身团队，打造一批老年人身边的体育健身组织，进一步推动形成"党政主导、部门尽责、协会组织、社会支持、重在基层、面向全体"的老年人体育工作格局。7月，民政部、发展改革委、教育部等16部门印发《关于健全完善村级综合服务功能的意见》，强调确保文化、体育和教育服务供给下沉到村，提出要完善村文化、体育设施建设，加强文化活动和科学健身指导。8月，农业农村部办公厅、体育总局办公厅、国家乡村振兴局综合司印发《关于组织开展2022年"美丽乡村健康跑"活动的通知》，鼓励各地因地制宜组织好"美丽乡村健康跑"活动，用跑步路线连接美丽乡村、展现建设成果，在健康跑活动中传播美丽乡村建设理念和乡村优秀传统文化，增强农民体育健身意识，展示农民精神风貌。

二、农村文化体育事业发展取得的主要成效

（一）农村居民文化消费总体保持增长

2022 年，我国农村居民人均教育、文化和娱乐支出 1 683 元，较上年增长 2.3%（表 1）。

表 1　2015—2022 年我国居民人均教育、文化和娱乐支出

年份	农村居民人均教育、文化和娱乐支出（元）	增幅（%）	城镇居民人均教育、文化和娱乐支出（元）	增幅（%）
2015	969	12.77	2 383	11.2
2016	1 070	10.42	2 638	10.7
2017	1 171	9.44	2 847	7.9
2018	1 302	11.12	2 974	4.5
2019	1 482	13.84	3 328	11.9
2020	1 309	−11.66	2 592	−22.1
2021	1 645	25.67	3 322	28.2
2022	1 683	2.31	3 050	−8.2

数据来源：中国统计年鉴。

（二）农村文体基础设施建设成效显著

文化和旅游部积极推广文化馆图书馆总分馆制建设模式，探索城乡新型公共文化空间建设。截至 2022 年底，全国共有群众文化机构 45 623 个，比上年末增加 2 092 个；其中乡镇（街道）综合文化站 42 120 个，比上年末增加 1 905 个。持续巩固拓展广播电视

"村村通""户户通"建设成果，不断提升广播电视节目综合人口覆盖率。全国广播节目综合人口覆盖率为99.65%，电视节目综合人口覆盖率为99.75%。全国共有体育场地422.7万个，较上年增加25.6万个；体育场地面积37.0亿平方米，较上年增加2.9亿平方米；人均体育场地面积2.62平方米，较上年增加0.21平方米。

（三）农村文体服务供给不断加强

农业农村部、国家乡村振兴局联合举办第五届中国农民电影节和乡村振兴主题电影推介活动，在中西部10个省份为当地农民群众放映共计1 000场公益电影。国家广播电视总局全年对农广播节目制作时间达143.07万小时，播出时间达444.28万小时；全国对农电视节目制作时间为67.22万小时，播出时间为423.59万小时。涌现出《闽宁纪事2022》《下姜村的共同富裕梦》《花开山乡》《金山上的树叶》等一批优秀农村题材文化作品。文化和旅游部持续实施"戏曲进乡村"项目，每年组织各级各类戏曲演出团体，为中西部地区1.3万个乡镇配送约7.8万场以地方戏为主的演出；大力发展城乡流动文化服务，通过流动舞台车、流动图书馆、文艺小分队等形式，把慰问演出、文艺辅导、展览讲座送到百姓身边；扎实推进乡村文化和旅游带头人支持项目，每年培养支持500名左右的乡村文化和旅游带头人。

（四）农民群众文体生活更加丰富多彩

中央宣传部、农业农村部、国家乡村振兴局以"阅读小康气象奋进振兴征程"为主题联合举办"新时代乡村阅读季"活动，在乡村持续培育"爱读书、读好书、善读书"文明风尚。文化和旅游部、中央宣传部等单位联合开展"新生活·新风尚·新年画"——我们的小康生活美术作品创作征集展示活动，在全国征集作品1 506件，共举办新年画展示活动7 580场次，参与人次约 1 295 万。文化和旅游部组织开展群众歌咏、广场舞展演活动，为基层群众搭建广泛参与平台，以迎接、庆祝党的二十大为主题，指导各地开展大家唱群众歌咏和"舞出中国红"广场舞活动，全国共举办各类活动超 10 万场次，覆盖人群过亿。2022 年，共举办全国"村晚"示范展示活动 1.2 万场次，参与群众达 1.18 亿人次。

全国各地因地制宜开展美丽乡村健康跑、农民体育健身大赛等农民体育活动，积极满足农民群众健身娱乐需求。举办全民健身线上运动会，开展了 100 余项线上赛事活动，涵盖广场舞、毽球、跳绳、健步走、乒乓球、羽毛球、篮球等众多农民喜爱的项目。国家体育总局以"贯穿全年、覆盖全国、人群多样、特色鲜明"为目标，接续开展新年登高、"行走大运河"全民健身健步走、全民健身日活动、大众冰雪季等各项全民健身主题活动，不断发挥体育在增强人民体质、满足人民群众对美好生活向往、助力乡村振兴等方面的多元作用。

（五）乡村优秀传统文化不断传承创新

持续打造中国农民丰收节，推动农民丰收节逐步成为全国性的民俗节日、做强乡村文化产业的重要载体、展示农民风采的特色舞台。2022 年，全国县乡村举办农民丰收节庆祝活动超 3 500 场次，农耕文明体验、传统民俗表演等活动占节庆活动的比例超过 50%。持续加大农业文化遗产保护传承力度。支持各地依托富有特色、具备一定群众基础和市场前景的非遗资源，建设非遗工坊 2 500 余家，其中 1 400 余家位于脱贫地区。积极开展传统村落保护工作，累计保护 53.9 万栋历史建筑和传统民居，传承发展 4 789 项省级以上非物质文化遗产。截至 2022 年底，累计认定中国重要农业文化遗产 138 项，全球重要农业文化遗产 19 项，形成了世界上规模最大、内容最丰富、保护最完整、活态传承的农耕文明遗产保护群。

三、农村文化体育事业发展面临的主要问题

近年来，我国农村文化体育事业持续繁荣发展，但与农民群众日益增长的精神文化需求相比，仍存在设施建设不够完备、服务供给不够丰富、区域间发展尚不平衡等问题。

（一）文体设施建设管护有待加强

经济欠发达地区、偏远地区农村还广泛存在文化体育活动场所设施不足、设备简陋等问题，农民文化体育活动"去哪儿"问题还没有得到彻底解决。此外，文体设施"重建轻管""建管分离"等问题在不少农村地区也普遍存在，很多文体娱乐设施陈旧老化，维护更新长期滞后，影响农民群众日常使用。

（二）文化体育服务供给有待优化

农村现有文体服务供给虽有很大进步，但仍然存在形式单一、质量不高、效能低下等问题。目前，一些基层综合性文化服务中心服务能力偏弱，硬件水平有余，软件服务不足，对群众缺乏吸引力。农村文化体育社会组织建设滞后，文体活动组织缺乏专业指导；各地对富有农趣农味的活动资源挖掘还不足，适应农村适合农民的文体活动供给还不够丰富，乡村文化体育活动凝聚人心、提振人气的作用还有待进一步发挥。不少短视频等自媒体内容鱼龙混杂，个别存在内容低俗、信息失真等问题，容易误导农民，亟须创新农村文体服务供给形式、丰富供给内容，用更多精彩的、高质量的适农文体活动吸引农民、充实农民生活。

（三）传统文化资源有待进一步挖掘和利用

农村文化资源丰富，不仅包括景观文化、农耕文化，还有农事

节庆、乡村手艺等，是我国农村地区经过长时间发展而积累下来的优秀宝藏。乡村优秀传统文化的挖掘、保护、传承、创新等工作有待加强，类似老宅、戏台、牌坊等富有农村文化特色的传统建筑景观被拆除或被现代建筑形式取代的现象仍然不少，很多传统手工技艺、民间特色艺术面临人才凋敝、传承断档的风险，一些传统农事节庆在外来文化和现代文明冲击下，面临文化价值稀释甚至被逐渐淡化遗忘的困境。

四、促进农村文化体育事业发展的对策建议

发展农村文化体育事业，必须深入贯彻落实习近平文化思想，按照习近平总书记"三农"工作重要论述要求，以不断满足农民群众日益增长的文化需求为导向，加强城乡统筹、办好文体活动、深化移风易俗、培养人才队伍，多措并举提升农村文化体育服务水平和供给能力。

（一）统筹推进城乡公共文化体育服务体系建设

加强公共文化体育服务城乡统筹，在公共文化方面，充分利用县级文化馆、图书馆、应急广播等现有公共设施，整合城乡社区公共文化服务资源，推动城镇优质文化服务向农村延伸；持续建好、用好文化礼堂、农家书屋、村史馆等乡村公共文化空间，积极开展适合农村特点、契合农民需求的公共文化服务。在群众体育方面，将农民体育工作的重点放在乡镇、基础落在村屯，持续实施乡镇（街道）全民健身场地器材补短板工程，不断健全乡村全民健身公共服务体系。

（二）积极开展富有农耕农趣农味的农村文体活动

充分利用"中国农民丰收节""全民健身日"等重大节庆平台，

指导各地广泛开展群众性文化体育活动，积极营造全民参与的文体活动氛围。不断创新活动形式、内容，注重将各类文体活动与农事季节相结合，与民俗节庆相结合，与农产品展销相结合，精心打造体现地方特色、符合农村传统的乡村文体活动载体。发挥农民主体作用，支持、引导农民群众自发组织开展富有农耕农趣农味的文化体育活动，大力推广"村BA"（全国和美乡村篮球大赛）、"村晚""村跑"等源于乡村、农民主创的乡村"土味"活动。

（三）持续推进农村移风易俗

深入开展文明乡风建设，抓好移风易俗专项治理，及时总结工作成效，采用生动活泼、农民易接受的语言和方式传播党的政策，弘扬主旋律和社会正气，在寓教于乐中强化对农民群众的宣传教育，引导农民群众自觉抵制高额彩礼、大操大办、孝道式微等陈规陋习和不良社会风气。重视数字媒介在农村精神文明建设和文化生活中的作用，积极推进优质数字文化资源进乡村，为农民提供更加健康、有益的网络数字文化产品和服务，让农村居民享受更充实、更丰富、更高质量的精神文化生活。

（四）强化农村文体人才培养

创新人才培训形式，通过组织示范性培训、公共巡讲、远程培训等多种形式，大力开展农村文化体育人才培训，不断提升基层文体工作者的素质水平和专业技能。建立健全乡村文体人才评价体系，优化相关制度规范、考核标准，持续提升基层文体人才队伍管理水平。优化人才结构，注重从村干部、合作社负责人、企业从业人员中挑选乡村文体骨干，从热心乡村文体活动的城镇人员中发展一批乡村文体积极分子，不断壮大乡村文体人才队伍。

附录

2022年1月，广电总局印发《关于推进智慧广电乡村工程的指导意见》（广电发〔2022〕1号）。

2022年2月，中共中央、国务院印发《关于做好2022年全面推进乡村振兴重点工作的意见》（中发〔2022〕1号）。

2022年3月，中共中央办公厅、国务院办公厅印发《关于构建更高水平的全民健身公共服务体系的意见》（中办发〔2021〕61号）。

2022年4月，体育总局印发《关于进一步做好老年人体育工作的通知》（体群字〔2022〕75号）。

2022年5月，中共中央办公厅、国务院办公厅印发《关于推进以县城为重要载体的城镇化建设的意见》（中办发〔2022〕37号）。

2022年5月，中共中央办公厅、国务院办公厅印发《乡村建设行动实施方案》（中办发〔2022〕22号）。

2022年6月，农业农村部、体育总局、国家乡村振兴局印发《关于推进"十四五"农民体育高质量发展的指导意见》（农社发〔2022〕3号）。

2022年6月，文化和旅游部、教育部、科技部等10部门印发《关于推动传统工艺高质量传承发展的通知》（文旅非遗发〔2022〕72号）。

2022年7月，农业农村部办公厅印发《关于做好2022年中国农民丰收节有关工作的通知》（农办市〔2022〕11号）。

2022年7月，民政部、发展改革委、教育部等16部门印发《关于健全完善村级综合服务功能的意见》（民发〔2022〕56号）。

2022年7月，住房城乡建设部办公厅、文化和旅游部办公厅、国家文物局办公室等 6 部门联合印发《关于做好第六批中国传统村落调查推荐工作的通知》（建办村函〔2022〕271 号）。

2022 年 8 月，中共中央办公厅、国务院办公厅印发《"十四五"文化发展规划》。

2022 年 8 月，农业农村部、中央组织部、中央宣传部等 8 部门联合印发《开展高价彩礼、大操大办等农村移风易俗重点领域突出问题专项治理工作方案》（农社发〔2022〕5 号）。

2022 年 8 月，农业农村部办公厅、体育总局办公厅、国家乡村振兴局综合司印发《关于组织开展 2022 年"美丽乡村健康跑"活动的通知》（农办社〔2022〕9 号）。

2022 年 10 月，广电总局、国家乡村振兴局、公安部等 5 部门联合印发《关于加快推动农村应急广播主动发布终端建设的通知》（广电发〔2022〕60 号）。

2022 年 11 月，国家乡村振兴局、教育部、工业和信息化部等 8 部门联合印发《关于推进乡村工匠培育工作的指导意见》（国乡振发〔2022〕16 号）。

2022 年 12 月，农业农村部办公厅印发《关于开展第七批中国重要农业文化遗产挖掘认定工作的通知》（农办社〔2022〕16 号）。

专题五　农村人居环境建设专题报告

2022年，各地各有关部门深入贯彻习近平总书记关于"三农"工作的重要论述，按照党中央、国务院决策部署，扎实推进农村人居环境整治提升，各项任务取得积极进展。

一、推进农村人居环境建设的重要举措

（一）强化顶层谋划，完善政策体系

1月，中共中央、国务院印发《关于做好2022年全面推进乡村振兴重点工作的意见》，提出接续实施农村人居环境整治提升五年行动，要求从农民实际需求出发推进农村改厕，巩固户厕问题摸排整改成果，分区分类推进农村生活污水治理，加快推进农村黑臭水体治理，推进生活垃圾源头分类减量，深入实施村庄清洁行动和绿化美化行动。

2月，国务院印发《"十四五"推进农业农村现代化规划》，对未来五年整治提升农村人居环境工作进行专题部署，要求因地制宜推进农村厕所革命，梯次推进农村生活污水治理，健全农村生活垃圾处理长效机制，整体提升村容村貌。

5月，中共中央办公厅、国务院办公厅印发的《乡村建设行动实施方案》提出，实施农村人居环境整治提升五年行动。要求推进农村厕所革命，加快研发干旱、寒冷等地区卫生厕所适用技术和产品，因地制宜选择改厕技术模式，引导新改户用厕所基本入院入室，合理规划布局公共厕所，稳步提高卫生厕所普及率。统筹农村改厕和生活污水、黑臭水体治理，因地制宜建设污水处理设施，基

本消除较大面积的农村黑臭水体。健全农村生活垃圾收运处置体系，完善县乡村三级设施和服务，推动农村生活垃圾分类减量与资源化处理利用，建设一批区域农村有机废弃物综合处置利用设施。全面清理私搭乱建、乱堆乱放，整治残垣断壁，加强农村电力线、通信线、广播电视线"三线"维护梳理工作，整治农村户外广告。因地制宜开展荒山荒地荒滩绿化，加强农田（牧场）防护林建设和修复，引导鼓励农民开展庭院和村庄绿化美化，建设村庄小微公园和公共绿地。实施水系连通及水美乡村建设试点，加强乡村风貌引导，编制村容村貌提升导则。

（二）问题导向精准发力，扎实推进厕所革命

抓好农村户厕问题摸排整改。在 2021 年开展农村户厕问题摸排整改的基础上，农业农村部、国家乡村振兴局于 2022 年组织开展摸排整改"回头看"，召开视频会、座谈会等，部署各地再次进行拉网式排查，及时查漏补缺，确保问题查清改好，分类有序推进整改。

加强厕所改造技术指导服务。农业农村部等 7 部门联合印发《关于加强农村公共厕所建设和管理的通知》，组织开展节水防冻试点，指导编制《农村户用卫生旱厕建设技术规范》等 5 项行业标准；派出专家服务团赴中西部 15 个省份进行技术指导，同步线上解答问题。科技部在国家重点研发计划中支持农村改厕项目，研发并示范推广寒旱地区改厕产品。文化和旅游部修订旅游厕所国家标准，明确达标评定工作流程。

完善问题发现和处置机制。农业农村部、国家乡村振兴局组织开展农村改厕及摸排整改"四不两直"调研，通报改厕不好用不能用以及摸排整改不全面不到位等问题典型案例；持续通过舆情监测、投诉举报、抖音快手等收集问题线索，及时转送地方核查整改。

（三）紧盯短板持续攻坚，加快推进生活污水治理

深入推进农业农村污染治理攻坚行动。生态环境部会同农业农村部、国家乡村振兴局等 4 部门印发《农业农村污染治理攻坚战行动方案（2021—2025 年）》，要求聚焦生活污水治理突出短板深入推进农村环境整治，提出到 2025 年新增完成 8 万个行政村环境整治，农村生活污水治理率达到 40%，基本消除较大面积农村黑臭水体。

强化农村污水治理工作指导。生态环境部修订《农村黑臭水体治理工作指南》，会同财政部安排资金支持 15 个地市开展农村黑臭水体治理试点。加强农村生活污水处理设施出水水质监测和国家监管清单中已完成治理的农村黑臭水体水质监测。2022 年共监测 7 万余个污水处理设施和 800 余个水体。

健全村级河湖保护制度。水利部指导各地设立 90 多万名村级河湖长，组织订立河湖保护村规民约，引导群众参与河湖管护。在 7 个省份开展幸福河湖建设，完成 2 500 多条（个）河湖健康评价，推进福建木兰溪、吉林查干湖、安徽巢湖等一批河湖治理和生态修复，推动河湖长治久清。

（四）完善收运处置体系，不断提升生活垃圾治理水平

加强农村生活垃圾收运处置体系建设管理。5 月，住房城乡建设部会同农业农村部、国家乡村振兴局等 5 部门印发《进一步加强农村生活垃圾收运处置体系建设管理的通知》，明确"十四五"期间农村生活垃圾收运处置体系建设管理工作目标和重点任务，要求统筹县乡村三级生活垃圾收运处置设施建设和服务，进一步扩大农村生活垃圾收运处置体系覆盖范围，提升无害化处理水平，健全长效管护机制；到 2025 年农村生活垃圾无害化处理水平明显提升，

有条件的村庄实现生活垃圾分类、源头减量。

加强源头分类和资源化利用典型示范。生态环境部遴选确定113 个地级及以上城市和 8 个特殊地区在"十四五"时期开展"无废城市"建设，将农村生活垃圾分类减量和资源化利用、畜禽粪污等农村有机废弃物综合处置利用相关工作纳入建设任务。全国供销合作总社引导支持有条件的供销合作社将再生资源回收利用网络延伸到农村，大力发展绿色分拣中心，促进农村生活垃圾分类减量与资源化利用，2022 年底共有 1 765 个供销合作社参与农村环境服务。

（五）彰显特色突出乡韵，持续提升村容村貌

持续改善村庄公共环境。住房城乡建设部印发设计下乡可复制经验清单（第一批），推动各地开展"设计下乡"工作，研究制定乡村风貌保护提升指引和负面清单。工业和信息化部督促基础电信企业加强农村通信线缆维护梳理，国家能源局督促电网企业加强农村电网供电设备运维管理，国家电网专项排查整改农村"三线"搭挂隐患 2.14 万处、清理废旧杆塔 1.7 万根，通过加强"三线"治理，不断美化村庄天际线，提升农村人居环境。

稳步推进乡村绿化美化。国家林草局联合农业农村部等 3 部门印发《"十四五"乡村绿化美化行动方案》，要求以"保护、增绿、提质、增效"为主线，持续推进乡村绿化美化，改善提升农村人居环境，到 2025 年全国平均村庄绿化覆盖率达到 32%，乡村"四旁"植树 15 亿株以上。制修订《乡村绿化技术规程》和《国家森林乡村评价指标》，引导鼓励农村水旁、路旁、村旁、宅旁种植乡土树种。

（六）党建引领群众参与，建立健全长效机制

持续推进村庄清洁行动。农业农村部、国家乡村振兴局通过印

发通知、召开视频会等，督促指导各地以"清洁村庄环境、共建洁美家园"为主题，压茬打响村庄清洁行动四季战役，全域化推进、常态化开展、长效化保持，并通报表扬 98 个 2021 年度全国村庄清洁行动先进县。

强化长效管护制度建设。中央组织部推动农村基层组织引导党员群众积极参与人居环境整治提升，在村"两委"换届任职培训中纳入相关内容。国家发展改革委加快推进农村公共基础设施管护体制改革、对村庄建设项目实施简易审批等政策落地落实。民政部动员引导社会组织参与改善农村人居环境。住房城乡建设部持续开展美好环境与幸福生活共同缔造活动，组织举办培训班，指导各地落实共建共治共享的要求，以改善群众身边、房前屋后人居环境的实事、小事为切入点，动员群众参与村庄环境整治和建设。全国妇联组织各地创建"美丽庭院"635 万户，动员妇女积极投身人居环境改善。

（七）聚焦关键统筹施策，加大政策保障力度

加大资金保障。财政部会同农业农村部下达奖补资金 74 亿元，支持和引导各地推动有条件的农村普及卫生厕所。国家发展改革委会同农业农村部安排中央预算内投资 30 亿元，专项支持中西部 155 个项目县开展农村生活垃圾污水处理设施建设。人民银行、银保监会引导金融机构加大对农村人居环境整治提升的支持力度。

强化激励督促。农业农村部、国家乡村振兴局会同财政部组织开展改善农村人居环境等乡村振兴重点工作激励评价。中央文明办将加强农村人居环境整治提升纳入全国文明城市、文明村镇测评体系。农业农村部持续通过新媒体平台曝光村庄人居环境典型问题，督促地方整改。市场监管总局开展产品质量安全监管"护农"行动，部署加大卫生陶瓷、化粪池等人居环境相关产品抽查力度。国家统计局在县域社会经济基本情况统计中设立农村人居环境相关指

标，加强监测评价。

强化宣传引导。农业农村部通过中央媒体和部属媒体，宣传农村人居环境整治提升政策举措和进展成效。国家卫生健康委组织开展第 34 个爱国卫生月活动，宣传文明健康绿色环保理念。广电总局指导制作播出《幸福到万家》等相关题材优秀作品，讲述农村人居环境改善的故事。

二、农村人居环境建设取得的主要成效

（一）农村卫生厕所普及率持续提高

2018 年以来，全国累计改造农村户厕 5 000 多万户，改厕质量得到明显提高，有效改善了农村人居环境，促进了农民群众生活品质提升。截至 2022 年底，全国农村卫生厕所普及率超过 73％。

（二）农村生活垃圾治理水平稳步提高

截至 2022 年底，全国农村生活垃圾进行收运处理的行政村比例稳定在 90％以上。全国农村地区累计建成生活垃圾收集、转运、处理设施 450 多万个（辆）。各地普遍采用"户分类、村收集、镇转运、县处理"等处理方式，部分条件较好的地区已推行城乡环卫一体化，一大批村庄环境显著改善。村庄保洁制度基本建立，平均每个自然村有 1 名保洁员。

（三）农村生活污水治理有新提升

全国新增完成 1.6 万个行政村环境整治，农村生活污水治理率达到 31％左右，乡镇政府驻地、中心村等重点村庄生活污水治理率达到 40％以上。新增完成 1 300 余个较大面积农村黑臭水体整治，累计消除 2 200 余个。

（四）村容村貌显著改善

在乡村大喇叭、宣传画、标语、明白纸等多种方式宣传指引下，农民群众对改善农村人居环境的认识不断深化，普遍认为人居环境整治不仅可以改善村庄环境，还有利于促进卫生健康。2018年以来，有95％以上的村庄开展了清洁行动，先后动员4亿多人次参与，降低了疫病传播风险，提高了农民卫生意识和文明健康素养，提升了农民自觉参与环境整治的积极性。各地积极发挥党员干部等示范带头作用，以实际行动带动农民群众转变观念、改变习惯。不少村庄将环境卫生要求纳入村规民约，开展美丽庭院评选、积分兑换等活动，有效促进了农民自我管理、自我服务、自我监督，树立了村民维护村庄环境卫生的主人翁意识。

三、农村人居环境建设面临的主要问题

近年来，农村人居环境建设取得了很大成效，但在资金保障、多方参与、建设和管护机制等方面仍存在一些问题。

（一）农村人居环境建设和管护资金保障仍然不足

农村人居环境整治底子薄、欠账多、公益性强，设施建设资金需求量大，后期运行管护需要持续支出的金额较大，资金保障不足的现象仍然突出。从建设资金看，许多地区农村生活垃圾清运及其资源化利用、卫生厕所改建、生活污水处理等项目，均缺少专项投入保障。部分农村地区主要依靠财政投入和专项政策性资金开展人居环境整治，金融支持和社会资本参与意愿不强。专项资金多用于支持项目的完成，后期维护和运营资金往往不足。不少污水处理工程设施由镇或村运营管理，处理规模较小，水费收取率低，管护经费不足。此外，农民的投入意愿和投入能力还不强。

（二）农村人居环境建设各主体积极性仍缺乏有效调动

农村人居环境产品具有公共产品与私人产品的混合属性，"多元共治"是农村人居环境建设的最优选择。比如农民家庭的住宅、厕所及生活垃圾收集、生活污水排放、生活垃圾转运、生活污水集中处理等设施等涉及政府、企业、个人等多个主体，属性复杂，单一主导的治理模式手段有限，难以有效解决农村人居环境整治各种问题。目前，"多元共治"模式虽然发挥着积极作用，但仍然存在部门分工不清、市场化作用发挥不够、企业和集体组织以及农民个体等主体积极性调动不充分等问题，影响了农村人居环境建设的进程。

（三）农村人居环境管护的长效机制仍需不断完善

农村人居环境整治提升的长效机制还不够健全，宣传发动、资金投入、社会参与、责任落实、督促检查等方面的机制还有待完善。不少地方没有建立配套的服务体系和专业管护队伍，运行管护机制不健全，现有污水、垃圾处理设备缺少专人管理维护，影响了整治成果。

（四）农村人居环境建设统筹考虑不足

农村人居环境建设复杂且需多方努力，实际工作中城乡统筹、人居环境建设项目统筹、不同地区的技术规范统筹等仍然不足。村庄规划滞后于农村人居环境整治要求，存在操作性不强等问题，需要加快编制"多规合一"的实用性村庄规划。

四、促进农村人居环境建设的对策建议

围绕让农村基本具备现代生活条件、建设宜居宜业和美乡村目标要求，各级政府要以更高标准、更大力度、更实举措，扎实推动农村人居环境整治提升。

（一）保障农村人居环境建设资金

要建立稳定增长的投入机制，加大农村人居环境整治的专项投入，中央财政资金重点向中西部地区倾斜。允许县级政府整合相关涉农资金，强化农村人居环境整治经费保障。针对农村厕所清淘、生活污水和垃圾处理，探索推行农户合理付费、村级组织统筹、政府适当补助的运维管护经费保障机制。创新社会资本参与方式，通过政府和社会资本合作等模式，调动社会力量积极参与农村人居环境基础设施建设和运行管护项目，形成政府、企业、村组等共同参与农村人居环境整治的多元化投入机制。

（二）充分调动农村人居环境建设各主体的积极性

压紧压实主体责任，完善市县责任主体、镇村管理主体、农民受益主体的管护责任体系，明确职能部门、运行管理单位责任，强化协同配合。发挥农民主体作用，培育农民主人翁意识，通过村规民约、舆论引导等积极动员农民投身农村人居环境建设、管护和监督，不断激发农民群众内生动力。探索公司专业化运营管护方式，鼓励支持符合条件的乡村专业施工队伍承接村庄环境整治、卫生厕所改建等小型涉农工程项目。积极开展农村美丽庭院评选、环境卫生光荣榜、志愿者行动日等活动，引导农民逐步养成良好生活习惯。持续营造良好舆论氛围，吸引社会各界广泛支持、关注农村人居环境建设。

（三）完善农村人居环境管护的长效机制

建立完善农村人居环境整治提升资金投入、督促推进、运行管护、宣传引导机制，有条件的地区探索推进城乡人居环境一体化建设、管理模式。更好发挥基层组织作用，完善村级农村人居环境整治提升的民主决策机制、村务公开制度。加强农村人居环境建设及管护的各项规章制度建设，发挥村规民约规范引导作用，将户内院内卫生清扫、垃圾分类收集、设施日常维护等纳入村规民约。

（四）统筹推进农村人居环境建设

强化县域统筹，明确农村人居环境建设重点任务优先序，坚持先易后难，从老百姓最关心、最现实、最迫切的问题入手，形成整治"菜单"，坚持数量服从质量、进度服从实效，求好不求快，因地制宜，分类施策。要从农民实际需求出发做好农村改厕，具备条件的地方推广水冲卫生厕所，不具备条件的地方建设卫生旱厕。建立农村生活污水重点治理村庄清单，梯次推进，优先就近就农资源化利用。开展农村黑臭水体动态排查，系统治理。健全农村生活垃圾收运处置体系，稳步推进生活垃圾源头分类减量，有条件的地区协同推进村庄有机废弃物综合处置，交通不便或运输距离较长的村庄，因地制宜建设小型化、分散化、无害化处理设施。

附录

2022年1月，生态环境部、农业农村部、住房城乡建设部等5部门联合印发《农业农村污染治理攻坚战行动方案（2021—2025年)》（环土壤〔2022〕8号）。

2022年1月，农业农村部办公厅、国家乡村振兴局综合司印发《关于推介农村厕所革命典型范例的通知》（农办社〔2022〕2号）。

2022年2月，国务院印发《"十四五"推进农业农村现代化规划》（国发〔2021〕25号）。

2022年5月，中共中央办公厅、国务院办公厅印发《乡村建设行动实施方案》（中办发〔2022〕22号）。

2022年5月，住房城乡建设部、农业农村部、国家发展改革委等6部门联合印发《关于进一步加强农村生活垃圾收运处置体系建设管理的通知》（建村〔2022〕44号）。

2022年8月，农业农村部办公厅、自然资源部办公厅、生态环境部办公厅等7部门联合印发《关于加强农村公共厕所建设和管理的通知》（农办社〔2022〕7号）。

2022年10月，国家林草局、农业农村部、自然资源部、国家乡村振兴局等4部门联合印发《"十四五"乡村绿化美化行动方案》（林生发〔2022〕104号）。

2022年11月，国家发展改革委、住房城乡建设部、生态环境部等5部门联合印发《关于加强县级地区生活垃圾焚烧处理设施建设的指导意见》（发改环资〔2022〕1746号）。

专题六　农村基础设施建设专题报告

2022 年，各地各部门持续加强农村水、电、路、网、房、邮等设施建设，着力改善乡村生产生活条件，不断提高农村基础设施完备度。

一、推进农村基础设施建设的重要举措

各地各部门认真贯彻落实党中央、国务院部署要求，统筹推进农村基础设施建设，强化各领域政策支持，积极推动农村公共基础设施重点任务落地。

（一）加强农村基础设施建设的总体部署

4 月，习近平总书记在中央财经委员会第十一次会议上强调，基础设施是经济社会发展的重要支撑，要统筹发展和安全，优化基础设施布局、结构、功能和发展模式，构建现代化基础设施体系，为全面建设社会主义现代化国家打下坚实基础。10 月，党的二十大报告提出，统筹乡村基础设施和公共服务布局，建设宜居宜业和美乡村。12 月，习近平总书记在中央农村工作会议上强调，要瞄准"农村基本具备现代生活条件"的目标，组织实施好乡村建设行动，特别是要加快防疫、养老、教育、医疗等方面的公共服务设施建设，提高乡村基础设施完备度、公共服务便利度、人居环境舒适度，让农民就地过上现代文明生活。要对我国城镇化趋势、城乡格局变化进行研判，科学谋划村庄布局，防止"有村无民"造成浪费。乡村建设要充分考虑财力可持续和农民可接受，坚持数量服从

质量、进度服从实效，集中力量先抓好普惠性、基础性、兜底性民生建设，优先建设既方便生活又促进生产的项目，标准可以有高有低，但不能缺门漏项。

（二）强化农村基础设施建设的政策支持

1月，中央网信办、农业农村部印发《数字乡村发展行动计划（2022—2025年）》，明确提出实施数字基础设施升级行动，要求推进乡村信息基础设施优化升级，并推动乡村传统基础设施数字化改造升级。2月，民政部、财政部、住房城乡建设部、中国残联印发《关于推进"十四五"特殊困难老年人家庭适老化改造工作的通知》，支持200万户特殊困难老年人家庭实施适老化改造，完善居家养老设施，切实增强农村老年人居家养老的便利性、安全性。5月，国家发展改革委联合国家能源局印发《关于促进新时代新能源高质量发展的实施方案》，明确提出促进新能源开发利用与乡村振兴融合发展。6月，商务部联合国家邮政局等8部门印发《关于加快贯通县乡村电子商务体系和快递物流配送体系有关工作的通知》，对深入推进电子商务与快递物流协同发展、促进城乡生产消费有效衔接作出部署。8月，交通运输部等6部门联合印发《农村公路扩投资稳就业更好服务乡村振兴实施方案》，启动新一轮农村公路建设和改造；交通运输部出台《关于加强公路水运工程建设质量安全监督管理工作的意见》，要求落实质量安全责任制，全面提升道路工程建设质量；交通运输部印发《加快构建发展长效机制切实保障农村客运稳定运行的通知》，指导各地加快构建"一点多能、一网多用、功能集约、便利高效"的农村运输服务发展新模式。10月，水利部会同生态环境部等3部门印发《关于开展农村供水水质提升专项行动的指导意见》，要求强化水源保护、净化消毒和水质检测监测，提升水质保障水平。12月，交通运输部印发《关于进一步健全完善农村公路"路长制"运行长效机制的通知》，对进一步健全完善"路长制"组织体系、明确"路长制"工作职责等提出要求，压实农村公路管理养护责任。交通运输部联合银保监会印发《关于银行业保险业支持公路交通高质量发展的意见》，联合中国农业发展银行印发《关于"十四五"时期充分发挥政策性金融作用支持农村路网高质量发展的意见》，国家开发银行印发《关于支持公路水路交通基础设施联网补网强链的意见》，要求着力构建以各级政府公共财政投入为主、多渠道筹措为辅的农村公路发展资金保障机制。

（三）明确农村基础设施建设重点任务

中共中央、国务院印发《关于做好 2022 年全面推进乡村振兴重点工作的意见》，明确提出要扎实开展重点领域农村基础设施建设。即有序推进乡镇通三级及以上等级公路、较大人口规模自然村（组）通硬化路，实施农村公路安全生命防护工程和危桥改造；扎实开展农村公路管理养护体制改革试点；稳步推进农村公路路况自动化检测；推进农村供水工程建设改造，配套完善净化消毒设施设备；深入实施农村电网巩固提升工程；推进农村光伏、生物质能等清洁能源建设；实施农房质量安全提升工程，继续实施农村危房改造和抗震改造，完善农村房屋建设标准规范；加强对用作经营的农村自建房安全隐患整治。5 月，中办、国办印发《乡村建设行动实施方案》，明确提出加强乡村规划建设管理、实施农村道路畅通工程、强化农村防汛抗旱和供水保障、实施乡村清洁能源建设工程、实施数字乡村建设发展工程、实施村级综合服务设施提升工程等12 项重点任务。

（四）持续改善脱贫地区基础设施

4 月，水利部联合财政部、国家乡村振兴局印发《关于支持巩固拓展农村供水脱贫攻坚成果的通知》，鼓励脱贫地区充分利用中央财政衔接推进乡村振兴补助资金支持补齐必要的农村供水基础设施短板。水利部联合国家开发银行等金融机构出台一系列投融资政策,鼓励脱贫地区充分利用水利中长期贷款等金融支持政策,加快推进农村供水规模化建设和小型供水工程规范化改造。国家能源局结合实施"十四五"电力发展规划,进一步完善全国各区域特别是中西部地区电网主网架结构,不断扩大主电网覆盖范围。8月,交通运输部印发《关于做好交通运输基础设施建设和管护领域推广以工代赈工作的通知》,指导各地大力推广以工代赈方式,组织动员当地农村劳动力、城镇低收入人口和就业困难群体等参与务工,并优先吸纳返乡农民工、脱贫人口、防止返贫监测对象。11月,交通运输部联合国家发展改革委等10部门印发《农村道路畅通工程专项推进方案》,压实有关部门主体责任,推动农村公路建设,巩固拓展交通运输脱贫攻坚成果同乡村振兴有效衔接。

二、农村基础设施建设取得的主要成效

当前,农村在供水饮水安全、用电供给稳定、出行便捷、通信畅通、住房安全方面再迈新台阶,有力提升了农民群众幸福感、获得感。

(一)农村供水保障水平持续提升

各地把确保农村供水作为保民生、稳经济的重大任务,2022年共完成农村供水工程建设投资987.8亿元;全年累计排查并推动解决393万农村人口供水不稳定问题,提升了8 791万农村人口供水保障水平;维修养护农村供水工程11.5万处,完成2 286处规模化供水工程、13.3万千米村级以上管网的建设改造。截至2022年底,全国农村自来水普及率达到87%,规模化供水工程覆盖农村人口的比例达到56%。进一步加大投入力度,各地通过政府和

市场"两手发力"，共筹集工程建设资金 1 007 亿元，其中地方专项债和各级财政资金占 63%、银行贷款和社会资本占 37%，完成农村供水工程建设 18 169 处。

（二）农村电力保障能力不断提高

扎实推进配电网建设改造各项工作，有效提高配电网供电能力和质量，农村地区电力保障水平持续提升。组织实施农村电网巩固提升工程，下达中央预算内投资计划 151 亿元，其中 50 亿元重点支持原连片特困区、边远地区等农网薄弱地区，共安排项目 719 个。多元化开发利用农村可再生能源。在太阳能方面，持续推进建设整县屋顶分布式光伏开发试点，全国光伏新增装机 8 741 万千瓦，其中以农村地区为主的户用光伏约占 1/3；在风能方面，实施"千乡万村驭风行动"，大力推进乡村风电开发，全国风电累计并网达到 3.65 亿千瓦，大部分位于乡村地区；在生物质能方面，结合农村实际需要，推动生物质多元化利用，全国生物质发电并网容量达到 4 132 万千瓦。

（三）农村公路网络更加完善

以推进"四好农村路"建设带动农村地区交通基础设施发展。指导各地加快推进以乡镇及主要经济节点为网点的对外快速骨干农村公路建设，因地制宜推进较大人口规模自然村（组）通硬化路。指导各地梳理农村公路安全提升路段清单，制定安全提升措施方案，加快推进隐患整治。2022 年，全国农村公路完成固定资产投资 4 733 亿元，新改建农村公路 18.98 万千米；新增通三级及以上公路乡镇 480 个，新增通硬化路较大人口规模自然村（组）超过 3.6 万个。共改造农村公路危桥 10 589 座，同比增长 38.1%；完成农村公路安全生命防护工程 13.5 万千米，同比增长 66.7%；全国 3.2 万个农村公路平交路口加装 5.4 万个减速带。截至 2022 年底，全国农村公路总里程已达 453.1 万千米，等级公路占 96.2％，乡镇通三级及以上公路占 84％，优良中路率 89％（表 1）。

表 1　农村公路建设情况

年份	农村公路总里程数（万千米）	等级公路比例（％）	乡镇通三级及以上公路比例（％）	优良中路率（％）
2021	446.6	95.6	82.2	87.4
2022	453.1	96.2	84.0	89.0

数据来源：交通运输部统计公报。

（四）农村寄递物流体系日益健全

农村寄递物流三级节点网络日益完善，网络节点覆盖率持续提高，服务品质、信息化水平也不断提升。2022 年，"快递进村"工程深入实施。全国累计完成 990 个县级寄递公共配送中心、27.8 万个村级快递服务站点，95％的建制村实现快递服务全覆盖。2022 年，交通运输部联合国家邮政局公布了第三批 40 个农村寄递物流服务品牌名单，引导各地打造了一批网络覆盖健全、资源整合高效、运营服务规范、产业支撑明显的农村物流服务品牌；指导北京市通州区等 61 个县（市、区）创建第二批城乡交通运输一体化示范县，探索农村客货邮融合发展模式。截至 2022 年底，全国累计开行农村客货邮合作线路 8 000 余条，有力支撑了农村客运可持续发展，畅通了农村群众出行、物流配送、邮政寄递"最后一公里"。

（五）农村信息基础设施水平不断提升

农村网络基础设施实现全覆盖，全国行政村通宽带比例达到 100％，通光纤、通 4G 比例均超过 99％，基本实现农村城市"同网同速"。5G 加速向农村延伸，截至 2022 年底，全国已累计建成并开通 5G 基站 231.2 万个，5G 网络覆盖所有地级市城区、县城城区和 96％的乡镇镇区，实现"县县通 5G"。截至 2022 年底，农村宽带接入用户达到 1.76 亿户，全年净增 1 862 万户，同比增长 11.8％，增速较城市宽带用户高 2.5 个百分点。农村网民规模达 2.93 亿，农村互联网普及率达到 58.8％（表 2），是"十三五"初期的 2 倍，城乡互联网普及率差距缩小近 15 个百分点。这也极大促进了农村电商行业的发展，2022 年全国农村网络零售额达 2.17 万亿元。

表 2 农村网民规模与农村互联网普及率

年份	农村网民数量（亿人）	农村互联网普及率（％）
2012	1.56	23.7
2013	1.77	27.5
2014	1.78	28.8
2015	1.95	31.6
2016	2.01	33.1
2017	2.09	35.4
2018	2.22	38.4
2019	2.25	46.2
2020	2.55	55.9
2021	2.84	57.6
2022	2.93	58.8

数据来源：《中国互联网发展报告》《中国互联网络发展状况统计报告》。

（六）农村房屋质量安全提升工程持续推进

持续加强农房质量安全管理，提升农房建设品质。住房城乡建设部联合农业农村部、自然资源部等 10 部门印发《农房质量安全提升工程专项推进方案》，明确了农村危房改造、农村房屋安全隐患排查整治、健全农村房屋建设管理制度、完善相关法律法规等重点工作内容和责任分工。持续实施农村危房改造和农房抗震改造，下达中央财政农村危房改造补助资金 62.8 亿元，支持约 43.9 万户进行改造。深入开展农村房屋安全隐患排查整治，指导各地分类细化整治措施，引导产权人（使用人）通过采用拆除、重建和维修加固等工程措施消除安全隐患，对暂不具备条件的采取停止使用、人员搬离等管控措施。截至 2022 年底，各地已完成 157.9 万户鉴定危房的整治。

（七）农村养老服务设施不断完善

民政部联合国家发展改革委实施养老机构服务能力提升项目，以增强公办养老机构护理能力为重点，支持包括农村在内的公办养老机构建设项目 219 个。开展居家和社区基本养老服务提升行动，2021—2022 年共支持 84 个地区开展提升行动项目。民政部、财政部、住房城乡建设部、中国残联联合印发《关于"十四五"特殊困难老年人家庭适老化改造工作的通知》，指导各地推进特殊困难高龄、失能、残疾老年人家庭实施适老化改造。

三、农村基础设施建设面临的主要问题

当前，我国农村基础设施建设取得长足发展，但城乡之间、区域之间差异仍然较大，财政难以全面保障，设施建设和管护还需进一步加强。

（一）农村基础设施建设整体投入仍显不足

农村基础设施建设的资金主要来自财政投入，难以完全满足农村当前需求，一定程度上制约了农村基础设施全面建设和提质升

级。农村基础设施建设投资回报周期长、公益属性强，社会资本参与程度不高，加上农村基础设施建设投资环境和市场规则不完善，市场化程度不高，也影响了社会资金的参与度，多元化的投融资机制不够完善。

（二）农村基础设施的后续管护还需加强

基础设施建设重建轻管现象仍然较普遍。一些地区对设施项目的后期维护管理不够重视，大部分资金主要用于设施前期建设，用于后期运营和管护的资金相对较少。另外，在建设、管理、维护等方面缺乏明确的主体责任划分，导致部分农村基础设施"无人管、无钱管"。

（三）农村基础设施仍需提档升级

当前，农村基础设施距离"农村基本具备现代生活条件"的目标，还有不小差距。一方面，早期建设的基础设施与近几年建设的基础设施在功能衔接和适用匹配上存在一定的困难。加大力度对大量已经建设的基础设施进行提档升级，实现新旧衔接，以更好适应农村生产生活需要，成为现阶段亟须解决的问题之一。另一方面，随着农村电商、移动社交、数字娱乐在农村的快速普及，农村数字基础设施建设还稍显薄弱，数字技术同农业发展、乡村治理和农民生活的深度融合还存在较大的提升空间。

四、促进农村基础设施建设的对策建议

从农民群众生产生活的实际需求出发，不断加强基础设施建设县域统筹，强化政策资金的引导撬动作用，加强管理体系和管护能力建设，因地制宜、扎实推进、久久为功。

（一）加强基础设施建设县域统筹

坚持县域规划一盘棋，明确村庄布局分类，强化基础设施在县域内统筹布局，推动形成县乡村统筹发展的空间格局，在有条件的地区推进城乡供水一体化，推进县乡村（户）道路连通、城乡客运一体化，逐步推进 5G 和千兆光网向乡村延伸，建设以城带乡的污水垃圾收集处理系统，建设区域养老服务中心及互助型养老服务设施，建设联结城乡的冷链物流、电商平台、农贸市场网络，建立城乡统一的基础设施管护运行机制。积极有序推进村庄规划编制，统筹规划布局基础设施、公共服务设施和公益事业设施，实现功能有效衔接与优势互补，满足乡村建设需要。

（二）瞄准"农村基本具备现代生活条件"的目标，加快推进公共基础设施建设

充分发挥标准在乡村建设中的引领、规范、保障作用，按照近细远粗、分步建设的原则，科学编制符合地方经济社会发展水平、聚焦人民群众急难愁盼问题的乡村建设任务清单，科学合理确定基础设施建设优先序。优先保障民生工程建设，以村内道路硬化、自来水入户、快递进村等直接关系群众生产生活的基础设施建设为重点，加快推进专项任务落实落地，逐步提高乡村基础设施和公共设施完备度，让农民就地过上现代文明生活。

（三）健全推进基础设施建设的长效机制

强化财政投入，将符合条件的公益性乡村基础设施项目纳入地方政府债券支持范围。鼓励金融机构在依法合规前提下量身定制乡村基础设施金融产品。建立健全管护机制，探索以清单制明确村庄公共基础设施管护主体、管护责任、管护方式、管护经费来源等，建立公示制度。供水、供电、供气、环保、电信、邮政等基础设施

运营企业应落实普遍服务要求，全面加强对所属农村公共基础设施的管护。健全更新机制，统筹推进农村基础设施改造提升和应用升级，以适应农村经济和社会发展需求，重点推进农村路网、电网、供水、通信等重点民生工程升级改造，让农民生活更有保障、更加幸福。

附录

2022年1月，中央网信办、农业农村部、国家发展改革委等10部门《数字乡村发展行动计划（2022—2025年)》。

2022年1月，工业和信息化部、住房城乡建设部、交通运输部等5部门《关于印发智能光伏产业创新发展行动计划（2021—2025年）的通知》（工信部联电子〔2021〕226号）。

2022年2月，民政部、财政部、住房城乡建设部、中国残联联合印发《关于推进"十四五"特殊困难老年人家庭适老化改造工作的通知》（民办发〔2022〕9号）。

2022年3月，国家发展改革委《关于印发2022年新型城镇化和城乡融合发展重点任务的通知》（发改规划〔2022〕371号）。

2022年5月，国务院办公厅转发《国家发展改革委、国家能源局关于促进新时代新能源高质量发展实施方案》的通知（国办函〔2022〕39号）。

2022年6月，交通运输部、中国农业发展银行《关于"十四五"时期充分发挥政策性金融作用支持农村公路网高质量发展意见》。

2022年6月，商务部、国家邮政局、中央网信办等8部门《关于加快贯通县乡村电子商务体系和快递物流配送体系有关工作的通知》（商流通函〔2022〕143号）。

2022年8月，交通运输部《关于加强公路水运工程建设质量安全监督管理工作的意见》（交安监规〔2022〕7号）。

2022年8月，交通运输部、国家发展改革委、财政部等6部门《农村公路扩投资稳就业更好服务乡村振兴实施方案》（交公路发〔2022〕82号）。

2022年8月，交通运输部《关于做好交通运输基础设施建设和管护领域推广以工代赈工作的通知》（交办公路〔2022〕35号）。

2022年8月，交通运输部办公厅《加快构建发展长效机制切实保障农村客运稳定运行的通知》（交办运〔2022〕41号）。

2022年10月，交通运输部、财政部、农业农村部等5部门《"四好农村路"全国示范县创建管理办法》（交公路发〔2022〕111号）。

2022年10月，水利部、生态环境部、国家疾控局等4部门《关于开展农村供水水质提升专项行动的指导意见》（水农〔2022〕379号）。

2022年10月，交通运输部、国家邮政局《关于公布第三批农村物流服务品牌并组织开展第四批农村物流服务品牌申报工作的通知》（交办运函〔2022〕1475号）。

2022年11月，交通运输部、国家发展改革委、农业农村部等10部门《农村道路畅通工程专项推进方案》（交规划发〔2022〕113号）。

2022年11月，工业和信息化部、国家发展改革委、国务院国资委《关于巩固回升向好趋势加力振作工业经济的通知》（工信部联运行〔2022〕160号）。

2022年12月，住房城乡建设部、农业农村部、自然资源部等10部门《农房质量安全提升工程专项推进方案》（建村〔2022〕81号）。

2022 年江苏省农村社会事业发展报告

2022 年，江苏省认真贯彻落实中央决策部署，着力补齐农村基础设施和基本公共服务短板，深入实施农村人居环境整治提升行动，加快完善农村社会保障体系，扎实推进数字乡村建设，推动全省农村社会事业高质量发展，为全面推进乡村振兴提供有力保障，为谱写"强富美高"江苏现代化建设新篇章奠定坚实基础。

一、江苏省农村社会事业发展举措和成效

(一) 农村教育资源配置不断优化

大力发展普惠性学前教育，推动优质教育资源扩容下沉，促进城乡教育一体化发展，加大乡村人才培养力度，紧密结合农民实际需求，广泛开展就业创业等教育培训活动。

1. 大力发展普惠性学前教育

江苏省教育厅等十部门印发《江苏省"十四五"学前教育发展提升行动计划》，进一步破解制约学前教育体制机制的瓶颈问题，健全普惠性学前教育保障机制，不断提高普及普惠水平。增加 1 亿元省级学前教育综合奖补资金，进一步加大普惠性学前教育建设，奖补提供普惠性服务的民办园。推动各地按照不低于省定标准

［650元/(生·年)］给普惠性民办园拨付生均公用经费。配合教育部召开"教育这十年"首场发布会，宣传全省学前教育改革发展成效，营造推动学前教育普及普惠发展的良好氛围。召开全省学前教育专干会议，对公办园覆盖率低于50%的地区进行内部通报，督促推动公办园建设。

2. 持续推进城乡义务教育资源均衡配置

全面统筹区域义务教育优质资源，科学制定区域义务教育集团化办学规划布局，扎实推动区域内薄弱学校与优质学校紧密结对，全面实行集团化办学，全省建成1 573个义务教育集团，形成了城乡共建型等多种集团化办学方式。深化乡镇中心校和区域内乡村学校一体化办学，构建乡镇教育共同体，农村参与集团化办学的学校达2 800多所，力争将城乡接合部、农村偏远地区、外来务工人员随迁子女较多等发展有困难的薄弱学校以及新建新开学校，100%纳入优质学校领衔的集团化办学。大力推广运用"互联网＋教育"模式，积极开展城乡结对"网上云端互动课堂"试点，继续推进省"名师空中课堂"应用，为农村学校提供丰富优质的在线教育资源，推动优质教育资源流通共享，全面提高乡村校办学质量。

3. 深入推进涉农类职业教育发展

支持有条件的职业院校开设涉农相关专业，全省有11所高等职业院校和56所中等专业学校共开设44个涉农相关专业，共设置涉农专业点数266个。支持立项涉农类现代职教体系项目，全省立项农业类现代职教体系贯通培养项目23个，安排招生计划835人。鼓励职业院校积极参加涉农类"1＋X"职业技能等级证书试点工作，共有21所职业院校累计申报13项X证书，安排试点学生数2 522人。增设物流、家政、新业态类等职业培训项目，引导农村劳动力向社会急需职业转移。

4. 广泛开展农民就业创业培训

继续实施农民工求学圆梦行动，支持农民工参加高等学历继续教育，全省共有 71 所高等职业院校面向农民工招生，涉及 124 种专业 1 168 个专业点。积极开展农民职业技能培训，2022 年全省各职业院校累计培训农民工 9 万多人次。组织全省近万所社区教育机构，面向进城务工人员、高素质农民、农村妇女等人群，广泛开展农民就业创业等培训，累计培训近百万人次。积极发展线上教育培训，持续完善"江苏学习在线"网络学习平台，2022 年新增各类视频课程 28 门，依托平台组织开展种植养殖技能、农村干部管理能力和农村妇女"网上行"等专题培训，累计培训 4 万余人次。

5. 深入推进困难学生资助政策精准落实

进一步完善家庭经济困难学生跨部门信息比对机制，持续加强教育、民政、乡村振兴、残联等部门的协作，推进各类救助政策衔接和信息共享，提升教育公平的保障力度。实现对原建档立卡低收入人口、低保对象、低保边缘家庭成员、支出型困难家庭成员、残疾人员、孤儿、特困人员、困难职工家庭子女、其他困境儿童等 9 类特殊困难学生的数据比对。在春季学期比对出的 58.45 万名特殊困难学生中，75％为基础教育及中职阶段的农村和县镇地区学校学生，通过"一对一"实施精准资助，进一步加强控辍保学工作。

（二）农村公共医疗卫生体系持续完善

通过加强农村区域性医疗卫生中心、甲级村卫生室建设，提高医疗服务配套能力，加强乡村卫生机构疾病预防控制职责，有序推进健康帮扶，加快完善农村公共卫生体系。

1. 高位推动农村区域性医疗卫生中心建设

将新建设 40 个农村区域性医疗卫生中心纳入省政府民生实事项目。根据省政协十二届六十三次主席团会议就"加快区域医疗卫生中心建设"的专题协商意见建议，分类研究制定推进落实措施，新增建设的 40 个农村区域性医疗卫生中心全部通过二级医院医疗服务能力基本标准评定。

2. 积极推进甲级村卫生室建设

按照各设区市村卫生室数量和建设基础，分解下达建设任务。召开重点工作推进会，推动各地按照《江苏省村卫生室服务能力建设标准（2021 版）》对标找差距、持续改进。制定印发《江苏省村卫生室结构化电子病历模板（2022 版）》，统一规范全省村卫生室病历书写。组织对各地申报的甲级村卫生室进行评估认定。

3. 强化基层医疗卫生机构疾病预防控制职责

结合基本公共卫生服务项目，推进基层医疗卫生机构高血压、糖尿病等慢性病医防融合能力建设，建设并发症筛查工作站，提高重点人群健康管理水平，发挥预防为主、医防融合的健康守门人作用。加强乡村卫生机构疾病预防控制职责，突出强化村级公共卫生、疾病预防、疫情防控等综合职能。在全省食管癌和胃癌高发的农村地区推广上消化道癌早诊早治技术，为适龄群众提供免费内镜检查。

4. 有序推进健康帮扶工作

通过"江苏省健康扶贫信息管理系统"，持续开展建档立卡低收入人口大病专项救治、家庭医生签约服务等政策落实情况监测。加大医疗卫生领域南北结对帮扶合作，建立定期报告制度，指导相关设区市卫生健康委和承担对口支援任务的省部属医疗卫生机构开展工作对接，共同编制年度帮扶项目计划。结合贯彻《江苏省精神卫生条例》，对需完善的严重精神障碍患者免费服药扩面、低收入患者资助参保、医疗费用托底保障等政策进行梳理，起草健全完善严重精神障碍患者救治救助政策文件。

（三）农村文化体育事业蓬勃发展

通过深入实施文化惠民工程、"双千计划"，丰富农村文化生活，增强农民群众文化获得感、幸福感，组织开展形式多样的农民体育运动，提升农民群众身体素质。

1. 提升文化惠民工程质效

将"扶持经济薄弱地区'送戏下乡'2 800场"列为2022年度省民生实事项目,明确每个乡镇全年送戏不少于4场,对经济薄弱地区每场补助5 000元。完善戏曲进乡村服务管理平台,开展"订单式""预约式"服务,并对"送戏下乡"进行跟踪监管和绩效评估。实行以需定供、区域互送,建立省级群众文化精品剧目库,入库优秀剧目近400个,提升了"送戏下乡"的精准度和实效性。省级扶持39个经济薄弱县(市、区)开展"送戏下乡"2 226场,现场观众近百万人次,各地开展"送戏下乡"达到了11 164场。

2. 深入实施"双千计划"

继续实施千支优秀群众文化团队培育计划和千个最美公共文化空间打造计划,培育农村优秀群众文化团队82个、打造农村最美公共文化空间50个,辅导培训基层群众文艺骨干,组织开展基层文化活动。通过"双千计划"的持续实施,有效破解基层公共文化服务空间品质不高、服务内容单一、创新手段不足、基层高品位文化活动和文艺演出不够丰富等问题,不断调动和激发基层公共文化服务动力活力。

3. 着力丰富农民群众体育生活

积极挖掘整理具有农村特点、农民特色、体现农耕文化内涵的中华优秀传统体育项目和赛事活动,吸纳农民广泛参与。在传统节日、全民健身日、农闲季节和"农民丰收节"期间,按照"就地就近、农民参与、小型多样"的原则,积极组织农民开展群众性体育活动。举办了第九届全省农民运动会,第七届、第八届全省农民体育节,全省农民广场舞大赛及全省首届农耕体育健身大赛。按照农民人均体育健身场地面积2.5平方米的标准,推进农村体育设施建设,组织开展"江苏最美乡村健身公园(广场)年度榜"活动,评选出169家"全省最美乡村健身公园(广场)",通过以评促建,推进农村体育健身场地和设施建设。

（四）农村社会保障体系逐步完善

为农村劳动力就业提供有效保障，加强农村养老服务能力建设，持续健全完善基本医保政策制度，强化农村基本民生保障，加强农村留守儿童和困境儿童关爱保护，进一步推动完善农村社会保障体系。

1. 服务农村劳动力就业需求

江苏省人力资源和社会保障厅出台《江苏省就业促进条例》，支持农村劳动力多渠道就业和跨区域流动。开展稳岗留工专项行动和"点对点"直达用工服务，组织"春风行动""民营企业招聘月"，助力农民工返岗就业。深化南北合作和东西部协作，南北劳务挂钩交流40.3万人，吸纳中西部脱贫人口在苏稳定就业93.4万人。实施就业富民助力乡村振兴行动，制定省级劳务品牌认定标准和规范化零工市场建设标准，满足农民工多样化就业需求。依托全省人社一体化信息平台，集成联动就业运行监测分析、农民工综合信息、农民工欠薪预警等应用场景，汇集多部门数据，实时掌握农民工就业情况。

2. 增强农村养老服务能力

江苏省民政厅等12部门出台《关于推动农村养老服务高质量发展的指导意见》，多维度、系统化推进农村养老服务体系改革发展。持续开展特困人员供养服务设施"双改造双提升"工作，推进建设27个项目。将新改造提升110个标准化农村区域性养老服务中心列入省政府民生实事项目。联合相关部门出台《江苏省基本养老服务指导性目录清单（2022年版）》，明确了30项普惠型和保障型基本养老服务项目，确保符合条件的农村老年人基本养老服务保障实现全覆盖。鼓励采取政府购买服务等形式，为农村地区经济困难的高龄、失能、残疾、计划生育特殊家庭等老年人提供基本养老服务。全面建立农村留守老年人定期巡访和关爱服务制度，农村地区高龄津贴和老年人护理、服务补贴制度实现全覆盖。

3. 持续健全完善基本医保政策制度

提升医保政策制度化规范化水平,指导各区市印发贯彻落实国家和省医疗保障待遇清单制度实施办法,梳理完成各地医疗保障负面清单,明确整改要求和完成时限。出台《关于统一基本医疗保险门诊特殊病保障政策的通知》,将恶性肿瘤等 8 类 20 个病种(含治疗方式),以及儿童 1 型糖尿病、儿童孤独症、儿童生长激素缺乏症 3 个病种纳入全省统一的门诊特殊病保障范围,待遇标准按照不低于住院标准执行。落实鼓励灵活就业人员、新业态从业人员参加职工医保政策。推动完善多层次医疗保障体系,指导商业保险公司积极做好全省首款省级惠民保产品的投保、理赔及服务工作。

4. 强化农村基本民生保障

全省共保障农村低保对象 33.3 万户 57.8 万人,平均保障标准为 821 元/(人·月),以设区市为单位实现城乡同标;共保障农村特困人员 19.3 万人,占城乡特困人员的 95.5%。印发做好困难群众兜底保障等工作的实施意见,推动巩固拓展脱贫致富奔小康成果与乡村振兴有效衔接。出台《江苏省特困人员认定办法》,着力构建分层分类社会救助体系。积极落实为困难群众增发一次性生活补贴工作,全省共增发一次性生活补贴 1.3 亿元。连续第三年开展江苏省困难家庭慈善救助"家电包"活动,为苏北 5 市 12 个重点帮扶县(区)的低保、特困人员、困难残疾人等困难群众赠送小家电,募集慈善救助款物 1 600 万元,惠及 2 万户城乡困难家庭。

5. 加强农村留守儿童和困境儿童关爱保护

全省共保障困境儿童 52.6 万人,其中农村留守儿童 4.7 万人,集中、分散供养孤儿的平均保障标准位居全国第一。全面推广"3+4+N"困境儿童常态化主动发现机制,村级层面建立农村留守儿童"1+1+1"结对关爱保护机制,将农村困境、留守儿童全部纳入有效监护范围。新（改扩）建 120 个示范性未成年人保护工作站（关爱之家），目前全省已建成示范性未成年人保护工作站（关爱之家）805 家，推动县级未成年人救助保护机构实体化运行全覆盖。

（五）农村人居环境显著改善

紧扣农村人居环境整治提升重点任务，制定年度工作要点，大力推进农村厕所革命、生活垃圾和污水治理，开展村庄清洁行动，推动乡村环境优美宜人。

1. 扎实推进农村厕所革命巩固提升

抓住农村改厕这个关键小事、民生实事，出台省"十四五"农村厕所革命实施方案，将 687 个行政村整村推进农村厕所革命纳入 2022 年省政府民生实事工程，完成 41.3 万户改厕，让 100 万农民群众"方便"更方便。开展户厕问题摸排整改拉网式回头看，逐镇、逐村、逐户开展排查，确保底数清、问题明、整改措施实。

2. 统筹推进农村生活污水治理

制定《2022 年全省农村生活污水治理工作方案》，持续开展农村生活污水治理提升行动，推进 782 个行政村生活污水治理项目建设，组织开展 3 686 台（套）不正常运行设施整治提升，全省农村生活污水治理率达 42%。加大农村黑臭水体排查整治和农村生态河道建设，全省农村黑臭水体整治率达 70%，农村生态河道覆盖率达 30% 以上。

3. 持续推进农村生活垃圾治理

印发《2022 年全省农村生活垃圾治理工作要点》，持续完善"组保洁、村收集、镇转运、县（市）处理"的城乡统筹生活垃圾收运处置体系，加快"户分类投放、村分拣收集、镇回收清运、有机垃圾生态处理"的分类收集处理体系建设，开展农村生活垃圾分类和资源化利用的乡镇（街道）达到 350 个以上。

4. 持续开展村庄清洁行动

深入实施常态化村庄清洁行动，以"四清一治一改"（清理农村积存垃圾、河塘沟渠、农业废弃物和无保护价值的残垣断壁，治理乡村公共空间，改变农民生活习惯）为重点，在全省打好村庄清洁行动季节战役，累计清除农村生活垃圾 760 余万吨，清理村内河塘沟渠、排水沟 26 万余处。

5. 开展生态宜居美丽乡村示范建设

在全省启动实施生态宜居美丽乡村示范建设计划，制定《江苏省生态宜居美丽乡村示范建设评价实施办法（试行）》和指标计分细则，召开全省生态宜居美丽乡村示范建设现场推进会，共建成 6 个示范县、60 个示范乡镇、673 个示范村。

（六）农村基础设施提档升级

高质量推进"四好农村路"建设，推动城乡物流和公交一体化，加快城乡互融互通，加快改善农村住房条件，全面提升农村基础设施水平。

1. 高质量推进"四好农村路"建设

加快农村交通基础设施建设，建设农村公路 2 064 千米，危桥改造 906 座，安防工程完工 11 686 千米，路网结构进一步优化。完成江苏"四好农村路"建设实践课程授课，营造争创"四好农村路"的良好氛围。组织开展 10 大农村公路品牌和 50 条省级"美丽农村路"样板路评选活动，推进农村公路品牌提升工作。组织遴选出 11 个县申报交通运输部"四好农村路"全国示范县。

2. 推动城乡物流一体化建设

积极推进交邮融合发展。推进稳定运营 100 个乡镇客运站邮政快递服务点和 100 条交邮融合示范线路，建成海安等农村物流达标县。组织开展第三批全国农村物流服务品牌征集活动和省级城乡物流服务品牌评选活动，打造城乡物流服务品牌。

3. 加快推进城乡公交一体化建设

江苏省交通运输厅印发《江苏省城乡公交一体化达标建设评价指标》，持续推进"城市公交向下延伸、镇村公交向上融合"，稳步推进33个县（市、区）的达标建设，达标建设已覆盖所有设区市。制定《江苏省城乡公交一体化信息及服务系统建设指南》，聚焦公众出行、企业运营和行业监管三个维度，规范全省城乡公交信息及服务系统建设，完善城乡公交服务质量"一个标准体系"。评选推出"全省十佳城乡公交线路"，培树城乡公交服务示范典型。

4. 扎实改善农村住房条件

省委办公厅、省政府办公厅印发《农村住房条件改善专项行动方案》，重点推进1980年及以前建的农房改造改善，支持鼓励1981—2000年所建农房的改善，对有安全隐患的优先及时改造。组织开展乡村风貌研究，围绕农房设计引导，在征集13个设区市已有农房设计方案的基础上，委托设计单位进行优化完善，形成《农房设计方案汇编》。

（七）数字乡村建设加快推进

积极推动城乡网络一体化建设，提高乡村信息基础设施建设水平，加快提升电商服务能力供给，推进信息化惠农便民行动，让农民享受到更便捷的数字化生活。

1. 着力提高乡村信息基础设施建设水平

积极推动城乡网络一体化建设，实施农村5G"点亮"行动，加快农村信息通信基础设施建设和信息化应用发展。全省所有行政村光纤和4G网络全覆盖，5G信号实现"镇镇通"、行政村覆盖率超96％，全省农村宽带接入用户1 667.2万户。实施"智慧广电乡村工程"，全年完成211个智慧广电乡镇（街道）建设。建成1 700千米内河干线航道电子航道图，发布基于北斗的内河航道手机导航系统。确立全省政务"一朵云"总体架构，电子政务外网省市县乡村五级全覆盖。省农业农村大数据云平台（"苏农云"）全面建成上线，实现全省近10年高标准农田信息化数据"上图入库"、5 000多个农业农村重大项目在线管理。

2. 不断提升数字电商服务水平

持续推广省农业物联网管理服务平台，累计接入主体3 500多家，采集数据量2.9亿条。制定县域电商产业集聚区综合评价指标体系，确定江苏省首批10个县域电商产业集聚区。推动汇通达等大型电商平台企业供应链下沉，为农村零售网点提供集中采购、营销运营、统一配送、库存管理等服务。2022年全省农产品网络销售额达1 200亿元。

3. 加快推进信息化惠农便民行动

实施"e起致富"苏货直播新农人培育行动，完成线上线下培训19场，覆盖1.5万新农人。开展"青耘中国·我为家乡代言"助农直播活动1 557场次，组织大学生等青年群体通过直播助力农产品销售3 409万元。实施"万名巾帼新农人培育计划"，提升农村妇女数字素养。构建服务乡村振兴的数字化金融服务体系，大力推进农村服务网点的智能化、电子渠道的多样化和便民服务点的网络化，农商行已实现金融便民服务"村村通"。

二、江苏省农村社会事业发展面临的问题瓶颈

2022年，江苏农村社会事业取得多方面进展与积极成效，但由于受发展基础、区位条件、经济水平、资源禀赋等因素影响，仍然存在供给主体单一化、地区发展不均衡等问题，特别是在基础设施建设水平、公共服务效能、人居环境整治重点环节和数字乡村建设深度上有不少瓶颈亟待破解。

（一）农村基础设施仍然存在短板

乡村建设统筹程度不高，特别是对乡村建设与发展具指导意义的"多规合一"实用性村庄规划编制工作进度相对滞后，村庄发展规划还没有完成应编尽编，规划引领作用发挥不够。村内道路方面，苏中苏北地区仍有不少村内道路未实现硬化，给农民群众出行带来诸多不便。农民住房方面，全省农村地区仍有一些危房以及面广量大的老旧农房需要有序改善，农民群众对改善住房条件的需求和期盼仍十分强烈，但资金保障还不到位。农民出行方面，部分农村地区末端的公交运营方案没有充分考虑群众出行时空特征，还存在班次时刻、线路走向不符合农村出行习惯的情况。农村物流方面，由于村庄相对分散，运输处于末端，物流快递需求虽然总量大，但末端配送成本高，完全从市场角度推进难度大。

（二）农村公共服务效能仍有待提升

农村教育方面，城乡学校之间差距较为明显，部分农村地区尤其是苏北地区信息化建设尚有不足，农村教师队伍存在结构性缺编问题，年龄老化，"乡村空"的现象间接导致苏北农村优秀教师人才外流。农村公共卫生方面，优质医疗资源主要集中在城市，城乡基层比较薄弱，城乡卫生发展还不平衡。农村养老服务方面，以特困供养服务机构（敬老院）为主要阵地的农村养老服务设施还不能完全满足当下老年人的服务需求，需要长期投入与建设维护，部分地区农村养老设施与卫生健康设施的互联互通、资源整合还有待进一步加强。乡村文化方面，公共文化产品和服务品质还有提升空间，公共数字文化服务仍需进一步加强，部分农村经济薄弱地区同经济发达地区仍有差距。

（三）农村人居环境重点环节仍需加强

农村生活污水治理水平区域不平衡。2022 年全省农村生活污水治理率为 42％，但由于各地投入能力与建设水平不同，治理成效区域性差异较大。苏南地区治理率为 77.52％，而苏中、苏北地区仅为 33％左右，各市治理率均低于全省平均水平。户厕改造任务艰巨。全省"十四五"需完成户厕新建改造和整改达标 297 万户，其中 2023—2025 年任务共 253 万户，主要分布在苏中、苏北地区，其中苏北五市有近 200 万户，占全省总量的 78.8％，高质量完成户厕改造任务仍然艰巨。农村人居环境整治长效管护机制尚未完全建立，全省特别是苏北地区的农村缺乏管护资金，且人员不足，尚未建立有效的管护机制。

（四）数字乡村推进深度广度仍需拓展

数字乡村建设的顶层设计有待进一步完善，评价体系亟待建立，标准体系需补充完善。数据汇聚融通存在一定困难，资金投入力度有待提升。数字技术应用广度和深度不够，供需对接需进一步强化。农村基层工作人员数字素养不高，新知识和新技能储备较少，"互联网＋"基层治理模式还需进一步深化研究，有待采取更有力措施，加快补齐短板。

三、江苏省农村社会事业发展的对策建议

下一步，江苏省应聚焦推动乡村基础设施和公共服务高质量提升、农村人居环境高质量改善、数字乡村建设深度拓展等方面，加快补齐农村社会事业短板，让广大农民群众过上与时代同步的现代化生活，为"强富美高"江苏现代化建设新篇章贡献力量。

（一）加快推进农村教育发展

1. 构建乡村教育水平提升保障机制

强化政府推进城乡教育一体化发展的主体责任，进一步完善"党委统一领导、党政齐抓共管、部门各负其责"的教育领导体制。保障财政投入，按照"两个只增不减"要求足额落实，逐步提高义务教育经费，并向农村义务教育倾斜。乡村学校的经费投入增幅总体上高于城区学校经费投入增幅，适当提高小规模学校、寄宿制学校的公用经费补助水平。发挥督导考核作用，把农村义务教育工作任务列入对市县政府履行教育职责督导评价体系。

2. 着力提升乡村教师保障水平

继续实施乡村定向师范生培养、省乡村优秀青年教师培养奖励计划、乡村名教师名校长名专家"三名"工程、"四有"好老师团队建设、乡村教师荣誉制度等，激励更多优秀教师扎根农村。加强乡村教师精准培训，整体提升乡村教师思想政治和教育教学能力。加强教师编制统筹，教师岗位设置、职称评聘、特级教师评选向农村学校倾斜。将不低于20％的比例提高补贴的政策扩大到乡村学校教师，切实保障教师待遇，落实好乡村教师岗位补贴。

3. 全面提高农村义务教育内涵质量

充分运用集团化办学、学校联盟、合作教研等形式加强城乡教育资源流动互通，大力推广运用"互联网＋教育"模式，建设使用好"名师空中课堂""城乡结对互动课堂"等，推动优质教育资源城乡流通共享。建立健全农村学校内涵式发展的长效机制，在基础教育内涵项目建设上向农村学校倾斜。支持农村学校挖掘当地传统文化和地方特色项目，拓展教育资源。

4. 持续开展涉农类教育培训活动

鼓励相关院校依托自身教学资源与实训条件，积极对接地方相关部门，加大农村人才教育培训力度。深入推动新一轮农民工"求学圆梦行动"，为有教育需求的农民工及一线职工提供学历继续教育学习资助。广泛开展城乡社区教育，提高社区教育质量，吸引更多的农民参与教育培训。建好"江苏学习在线"网站，进一步丰富网站课程资源，为农民时时处处能学习提供便利。

（二）提高农村医疗卫生水平

1. 推进落实乡村医疗卫生基本公共服务提升行动

进一步落实《江苏省乡村医疗卫生基本公共服务提升行动方案》要求，聚焦农村医疗卫生领域重点任务及难点堵点问题，列出明细任务清单，督促各地细化工作举措，全面推动乡村医疗卫生公共服务提升各项任务落实落地。

2. 持续推进实施卫生人才强基工程

加强卫生人才强基工程进展情况定期监测，推动"县管乡用""公益一类财政保障、公益二类绩效管理"等核心政策落地落实。积极组织开展全省基层医疗卫生机构卫生人才公开招聘活动，做好农村订单定向医学生免费培养工作，确保实现 2025 年全省城乡每万服务人口配备 35 名基层卫生人员目标。

3. 提高基层防病治病能力

提高县域医共体建设水平，加强监测评价，提高农村卫生资源集约利用效率。加强农村区域性医疗卫生中心建设，进一步拓展完善服务功能，切实发挥区域性辐射作用。提高基层机构推荐标准达标率，深入开展优质服务基层行活动。开展村卫生室服务能力建设评价，推动远程医疗服务向村卫生室延伸。

4. 提高农村基层健康管理能力

加强农村基层医疗卫生机构疾病预防控制职责，推进基本公共卫生服务向健康管理转型，建立基层医防协同、医防融合服务运行管理机制。加强乡村卫生机构疾病预防控制职责，突出强化村级公共卫生、疾病预防、疫情防控等综合职能。

（三）加快推进农村文化体育发展

1. 深化实施文化惠民工程

深入推进"戏曲进乡村"等送文化下基层活动，持续开展"村晚"等富有文化特色的农村节庆活动，重点打造、反映乡土风貌的优秀作品并深入基层巡演，让赛事活动成为群众的文化盛事。以县级图书馆、文化馆总分馆制为抓手，优化基层公共文化服务网络布局，引导各类文化活动、文化资源、文化服务向农村、基层延伸，拓展乡村基层综合性文化服务中心旅游、电商、就业辅导等功能。提升全省乡镇（村）公共数字文化服务水平，为农村地区提供更加优质、更加精准、更加便捷的公共文化服务。推进"艺术乡村"建设，持续打造"最美公共文化空间"，培育优秀群众文化团队。

2. 高效推进旅游富民

继续实施"乡村旅游驻村辅导员行动计划"，建设乡村旅游驻村辅导员工作站。健全乡村旅游企业、村集体、农户利益联结机制，指导村民、村集体、投资者等各方建立利益关联，明确各方在收入分配、就业服务、公共环境、文化传承等方面的权利义务，充分保障农村农民长期有效受益。

3. 推进乡村非遗融入现代生活

坚持与教育联动、与创意嫁接、与旅游相融、与消费结合，以全省中国民间文化艺术之乡、历史文化名村为依托打造非遗特色村镇，在文化生态保护实验区建设中强化村俗文化保护、推进乡村传统工艺振兴，鼓励乡村非遗传承人进景区景点开发非遗体验项目，深入开展非遗进景区活动，弘扬推介乡村优秀传统文化。

4. 丰富农民体育运动形式

继续打造一批江苏省农民体育健身活动基地，推动体育公园（广场）建设。在中国农民丰收节和农闲季节，开展丰富多彩、寓教于乐的农民体育赛事活动。开展体育冠军进美丽乡村活动，适时举办农耕健身创意展示等活动。

（四）全面加强农村社会保障体系建设

1. 强化就业优先政策

依托乡村一二三产业融合发展和县域经济发展升级，延长产业链条、扩大就业空间。加大重点工程建设中以工代赈力度，促进就近就业增收。支持农民工多渠道灵活就业和自主创业，制定实施平台经济促进就业政策措施，建设一批规范化零工市场。探索新就业形态就业人员职业伤害保障新载体。大力培育省级劳务品牌，提高农民劳务收入，带动乡村产业发展。深化南北挂钩劳务协作，扩大省内农村劳动力转移总量。探索老龄化下开发超龄农村劳动力资源的具体做法，为超龄农民工平等就业提供制度保障。

2. 筑牢农村民生底线

开展农村低收入人口常态化认定，做好动态管理下的应保尽保、应救尽救，防止发生"漏底"风险。完善物价上涨联动机制，将低保边缘群体纳入补贴发放范围，确保困难群众基本生活水平不因物价上涨过快而降低。健全完善社会救助主动发现机制，强化动态跟踪帮扶，变"人找政策"为"政策找人"。建立健全政府救助与慈善救助衔接机制，实现精准、高效救助。

3. 聚焦"一老一小"重点群体服务

着力提升农村基本公共服务水平，积极构建老人颐养天年、儿童健康成长幸福场景。致力打造养老服务品牌，大力推动农村养老服务高质量发展，着力提高特困供养机构的失能照护、集中供养能力，发展农村互助养老，完善县乡村三级农村养老服务网络。加强农村特殊困难老年人探访关爱，提升农村养老服务水平。着力构建未成年人协同关爱机制，坚持生活兜底、监护兜底两手抓，健全完善孤儿、农村留守儿童、事实无人抚养儿童保障制度，强化关爱服务，护航农村未成年人健康成长。

4. 健全多层次社会保障体系

进一步织密扎牢社会保障网，深入实施全民参保计划，以农民工和被征地农民为重点，持续推进精准扩面、稳定参保。针对农民工就业比较集中的餐饮、建筑、保安、家政等行业单位，加大执法检查力度，有效遏制利用劳务派遣、劳务外包用工等形式规避社会保险义务的现象。大力推动灵活就业人员在就业地无障碍参加职工社会保险，健全养老保险城乡制度衔接和区域转移机制，促进劳动力在城乡、地区之间顺畅流动。

（五）高质量推进农村人居环境改善

1. 提升规划引领水平

遵循乡村发展规律，加强县域统筹，构建完善"镇村布局规划＋村庄规划"乡村规划体系，持续优化乡村生活生产生态空间。推进镇村布局规划动态更新，分层分类积极推进村庄规划编制，合理确定不同类型村庄的发展目标、用地布局、风貌管控和建设任务。建立政府主导、村民主体、专业人员技术指导的规划编制机制，推动规划师下乡，强化规划刚性约束和执行力，提升乡村建设质效。

2. 加快补齐农村人居环境突出短板

以行政村及新型农村社区为单元，统筹推进农村改厕和生活污水治理设施建设，因地制宜选用就近接管、建设集中式或分散式处理设施、资源化利用等模式推进农村生活污水治理。推动农村生活垃圾分类、源头减量，提高垃圾分类处置能力建设，探索垃圾资源化利用的有效途径，加强生活垃圾收运处置能力建设，健全常态化垃圾排查清理机制。继续推进水美村庄、绿美村庄建设，大力推广乡土树种，优化林种、树种结构，保护生物多样性。村级以下沟渠河塘治理要切实落实县负总责、乡镇落实责任分工，重点解决贯通、清淤、垃圾等突出问题，全面消除农村黑臭水体。

3. 集中连片整体提升村庄风貌

推进村庄环境集中连片整治提升，山水林田湖草沙综合治理。总结推广各地集中连片整治提升工作的实践经验，依托自然地理、河流水系、交通线路、重要景区等，跨村、跨镇、跨县一体推进自然要素和道路、村庄、景区、园区等生产生活要素整合更新，点线结合、以点带面、串珠成链。以长三角生态绿色一体化发展示范区建设为契机，在跨省域美丽乡村风景线培育上加强合作、实现突破。

（六）强化农村基础设施建设

1. 完善城乡互联互通的农村交通基础设施

加快构建便捷高效的农村公路骨干路网和普惠公平的农村公路基础网络，加快县道改造提升，强化农村公路与综合枢纽、机场、港口等的连接，促进各种运输方式融合协调发展。推进农村公路建设项目向进村入户倾斜，推动实现村庄双车道四级公路全覆盖。加强农村公路与城镇道路、村内道路的衔接。加强农村资源路、产业路、旅游路建设，重点实施通往重要产业、旅游、物流等节点的等级公路建设。

2. 持续推进城乡公交一体化发展

持续完善基础设施网络、不断优化城乡公交服务供给、构建城乡智慧公交系统、健全安全运营管理体系等，促进全省城乡公交出行服务更安全、更便捷、更高效、更绿色、更经济，着力提升公众出行体验感和获得感。探索"全域公交"建设，在长三角地区探索省际毗邻公交化客运发展新模式，为长三角毗邻地区群众出行提供高质量客运服务。

3. 持续实施农村物流通达工程

认真贯彻落实《关于加快农村寄递物流体系建设的实施意见》（国办发〔2021〕29号），在总结交邮融合城乡物流服务一体化实践经验的基础上，按照《江苏省城乡物流服务一体化发展三年行动计划》要求，加快交通运输与邮政快递业融合发展，通过节点网络共享、末端线路共配、运力资源共用、标识规范统一、试点示范引领等，构建畅通便捷、经济高效、便民利民的县、乡、村三级物流服务体系，推进农村物流服务水平逐年提升。

4. 有序推动农村住房条件改善

进一步压实市县主体责任，督促各地聚焦工作重点、加强组织推进，加快推进农村危房消险解危、农村低收入群体危房改造和1980年及以前建造的农房改造改善，同步提升村庄公共基础设施配套水平。进一步加强设计引领，遴选、培育一批省级示范项目，发挥典型示范作用，带动各地工作水平不断提升。加强乡村建设工匠队伍建设，积极引导设计师等专业人员下乡，提升农房和村庄建设质量。

（七）深化推进数字乡村建设

1. 强化基础设施建设升级

加快农村地区5G网络建设，积极贯彻落实农村5G"点亮"行动，实现每个行政村拥有1座5G物理站址。建设一批覆盖全省的应用场景，加大"用数"力度，推动涉农数据资源整合和共享，不断丰富农业农村智慧大脑。全面推进"一网通办"，加快推进政务服务系统整合，形成全省统一的农业农村部门政务服务网络，加强数据分类分级标准化管理，建立常态化数据汇聚治理和质量管控机制。强化乡村信息网络安全保障，推进农业农村数据安全和个人信息保护工作。

2. 加强数字化服务支撑

进一步扩展省级农业社会化服务信息管理系统服务功能。持续实施"网上供销合作社"提升工程，推进"智慧农资"建设。大力发展电商平台经济，推动直播电商等新业态新模式在全省的应用推广。全面实施"互联网＋"农产品出村进城工程，完善农产品网络销售供应链体系、运营服务体系和支撑服务体系。

3. 提升信息惠农服务效能

推进乡村"互联网＋教育"，建强用好江苏版"三个课堂"，持续开展"苏e直播"活动。继续推进乡镇卫生院、村卫生室等基层卫生机构信息化建设提档升级，进一步完善农村基层医疗卫生机构信息系统。推广"人社政务服务电子地图"，借助乡村地区银行网点更广泛地实现社保经办力量下沉，打造乡村5千米半径的人社基本公共服务圈。深化农村普惠金融服务，推动农村信用信息平台建设，不断提高涉农金融信息化发展水平。

2022 年湖南省农村社会事业发展报告

　　湖南深入贯彻落实党中央、国务院决策部署，瞄准城乡基本公共服务均等化明显推进的目标要求，把社会事业发展的重点放在农村，不断引导各类资源要素向农村倾斜，扎实推动农村社会事业发展提质增效，为推进乡村全面振兴夯实了基础。

一、湖南省农村社会事业发展的重要举措

（一）着力强化农村社会事业发展的顶层设计

　　按照《湖南省乡村建设行动实施方案》部署要求，明确了"加强乡村规划建设管理、实施农村道路畅通工程、实施农村防汛抗旱和供水保障工程、实施乡村清洁能源建设工程、实施农产品仓储保鲜冷链物流设施建设工程、实施数字乡村建设发展工程、实施村级综合服务设施提升工程、实施农房质量安全提升工程、实施农村人居环境整治提升行动、实施农村基本公共服务提升行动、加强农村基层组织建设、深入推进农村精神文明建设"等 12 项重点任务，先后出台了一系列促进城乡公共资源均衡配置、生产要素自由流动平等交换的配套政策措施（表 1），确保农村社会事业各项工作落实落细。

表 1　农村社会事业主要配套政策

领域	文件名称
全局统揽	《湖南省"十四五"农业农村现代化规划》
	《湖南省乡村建设行动实施方案》
	《湖南省"十四五"公共服务规划》

（续）

领域	文件名称
资金保障	《关于做好 2022 年湖南省金融支持全面推进乡村振兴重点工作的通知》
	《湖南省动员引导社会组织参与乡村振兴的实施意见》
教育	《湖南省"十四五"教育事业发展规划》
	《湖南省学前教育发展提升行动计划（2022—2025 年)》
	《关于印发〈湖南省 2022 届高校毕业生就业创业工作"一揽子"举措实施方案〉的通知》
	《关于进一步做好 2022 届原建档立卡贫困家庭高校毕业生和全省脱贫县高校毕业生就业工作的通知》
	《湖南省教育厅 2022 年扎实推进乡村振兴工作方案》
	《湖南省 2022—2025 年特殊教育发展提升行动计划》
医疗卫生	《湖南省医疗卫生服务体系"十四五"规划》
	《关于做好紧密型县域医疗卫生共同体建设试点工作的通知》
	《湖南省开展紧密型县域医疗卫生共同体建设试点实施方案》
	《关于印发进一步加强基层医疗卫生服务能力建设的若干政策措施的通知》
	《关于确定第二批紧密型县域医疗卫生共同体建设试点县市区名单的通知》
	《关于促进基层卫生健康事业高质量发展的意见》
	《关于医保改革有关事项的批复》
文化体育	《湖南省公共文化服务体系高质量发展五年行动计划（2021—2025 年)》
	《湖南省公共文化机构服务效能评价指标体系》
	《村（社区）综合文化服务中心建设与服务规范》
	《关于进一步深化文明节俭操办婚丧喜庆事宜推进移风易俗的通知》
	《湖南省民政厅办公室关于狠刹婚丧陋习推进乡风文明建设有关事项的通知》
	《关于组织开展中国重要农业文化遗产保护传承工作年度报告的通知》
	《湖南体育强省建设规划（2020—2030 年)》
	《湖南省全民健身场地设施建设补短板行动计划（2022—2025 年)》

（续）

领域	文件名称
社会 保障	《关于进一步加强困难群众基本生活保障的通知》
	《关于进一步加强基层社会救助经办能力建设的通知》
	《关于做好全省城乡居民基本养老保险参保扩面和缴费工作的通知》
	《关于做好存在职业病危害的用人单位工伤保险参保扩面工作的通知》
	《关于强化三重制度综合保障梯次减负功能扎实做好乡村振兴医保帮扶监测工作的通知》
	《关于进一步做好防止因病返贫动态监测和帮扶工作的通知》
	《关于进一步推进就业帮扶车间建设的通知》
	《"十四五"期间特殊困难老年人家庭适老化改造实施方案》
人居 环境 整治	《湖南省农村人居环境整治提升五年行动实施意见（2021—2025 年)》
	《关于扎实推进"十四五"农村厕所革命的实施意见》
	《农村厕所建设与管理规范》
	《湖南省旅游厕所建设管理办法（暂行)》
	《关于防范农村改厕安全隐患的通知》
	《关于进一步加强农村生活垃圾收转运处置体系建设的通知》
	《湖南省农村生活垃圾收运处置体系建设技术指南（试行)》
	《关于进一步加快推进农村小型生活垃圾焚烧设施整改工作的通知》
	《湖南省"十四五"生态环境保护规划》
	《湖南省农村生活污水治理专项规划（2022—2030 年)》
	《县域农村生活污水治理规划》
	《湖南省农村生活污水处理设施水污染物排放标准》
	《湖南省农村生活污水治理技术指南（试行)》
	《湖南省农村生活污水治理村考核暂行办法》
	《湖南省农村生活污水治理设施运维指南》
	《关于开展美丽宜居村庄创建示范工作的通知》
	《湖南省美丽乡村建设指南》
	《湖南省美丽乡村评价规范》
	《关于加快推进 2022 年度村庄规划编制工作的通知》
	《关于加强乡村风貌管控的通知》
	《湖南省古树名木保护专项治理行动方案》

（续）

领域	文件名称
基础设施建设	《关于加快农村寄递物流体系建设的实施意见》
	《关于全面加强农村道路交通安全工作的意见》
	《水利支持十五个乡村振兴重点帮扶县跨越发展实施方案》
	《水利助力乡村振兴年度工作要点》
	《关于开展全省农村供水工程专项排查的通知》
	《湖南省农村供水工程运行管护办法（试行）》
	《关于进一步明确农村住房建设监管责任的通知》
	《湖南省强化"三力"支撑规划（2022—2025年）》
	《湖南省公路沿线充电基础设施布局规划》
	《湖南省数字乡村发展行动方案（2020—2022年）》
	《通信企业支持十五个乡村振兴重点帮扶县跨越发展帮扶方案》

（二）建立健全农村社会事业的投入保障机制

将乡村建设作为地方政府支出的重点领域，锚定构建乡村宜居宜业、文明和谐新格局的目标要求，积极发挥财政资金撬动作用，依法依规吸引社会资本、金融资本参与投入农村社会事业发展。

1. 充分发挥政府投资带动作用

积极争取中央预算内资金支持，下拨中央资金 1.02 亿元，实施 68 处大中型灌区续建配套与节水改造；争取中央补助资金 3.04 亿元，用于农房改造；持续加大脱贫地区水利投资和项目支持力度，向全省 40 个脱贫县下达投资超过 50.5 亿元。下达教育专项转移资金 30.73 亿元支持乡村振兴重点帮扶县教育发展；统筹中央、省级彩票公益金和省级债券资金，倾斜支持乡村振兴重点帮扶县，补助资金 8 037 万元。统筹中央和省级文化、旅游、文物专项资金 3.9 亿元支持全省 51 个脱贫县用于精神文明建设。

2. 积极引导社会力量广泛参与

持续引导金融资本、社会力量助力农村社会事业发展，不断加大农村基础设施信贷投入，满足省内 12 个试点县屋顶分布式光伏发电项目建设的中长期融资需求。开展"结对帮扶助振兴""公益品牌助振兴""消费帮扶助振兴""四小建设助振兴"四项行动，引导 5 200 多家社会组织参与，充分发挥社会组织在农村社会事业发展中的作用。

（三）加快推动农村公共基础设施提档升级

坚持"生产、生活、生态"三位一体推进，推动基础设施向农村覆盖、向农户延伸，全方位打造农村基础设施提档升级的新模式。

1. 加快农村物流体系建设

将农村寄递物流体系建设纳入市（州）、县（市、区）相关规划和公共基础设施建设范畴，确定了"基本实现快递进村全覆盖、在全省建成至少 5 个农村客货邮融合发展试点县、培育 5 个快递服务现代农业示范项目、打造 5 个农村电商快递协同发展示范区"的工作目标，积极发展农村新基建。通过整合各方资源，合力打造统一保管、统一配货、统一送货的县域统仓共配中心，全力构建"一县一仓配、一乡一中心、一村一站点"的农村电子商务物流服务体系，促进快递物流与电商协同发展。启动农产品冷链物流强链补链三年行动，促进全省农产品冷链物流高质量发展。

2. 推进"四好农村路"建设

积极推进"四好农村路"示范创建提质扩面，全面推进"旅游路""资源路""产业路"和乡镇通三级路建设。深入开展平安农村路、美丽农村路建设，加快推进农村公路安全设施和交通秩序管理精细化提升行动，开展公路安全生命防护工程建设，深入实施农村公路"千灯万带"示范工程。健全完善农村道路建设、管理、养护、运营有关标准，不断提升"建管养运"协调发展能力和农村客运保障能力。

3. 开展供水工程建设改造

持续开展农村饮水安全动态监测，加快实施农村供水工程建设和维修养护项目。坚持饮水问题早发现、问题线索早处置，对全省3万多处农村供水工程全面排查，实现农村饮水问题动态清零。

4. 加强住房安全保障

对农村低收入群体住房开展动态监测，持续推进农村低收入群体等重点对象危房改造，做到"应改尽改"。开展2021年危房改造工作"回头看"，在县级自查、市级核查的基础上，对14个市州、31个县市区进行省级抽查。

5. 加强乡村清洁能源建设

积极推动发展农村分布式新能源项目，加快消除农村电力基础设施短板，全面提升乡村电气化水平。在纳入国家试点的12个县（市、区）开展整县分布式光伏开发建设，大力推进"气化湖南工程"，推动天然气进镇入乡。

6. 提升数字乡村建设水平

将乡村振兴网络升级工程纳入《湖南省"十四五"信息通信业发展规划》重点项目，持续推进农村网络基础设施建设，提升农村重点区域通信网络能力。打造"汇新农乡村振兴助农信息化平台"等一批农村信息化重点项目，持续实施"互联网＋"产品出村进城工程，积极举办湘品网上行系列活动，大力推进数字技术赋能乡村产业发展。积极推动乡村数字化治理，推广可视云喇叭、视频会议系统、疫情防控平台等应用场景，将"雪亮工程"建设纳入2022年省政府重点民生实事，提升乡村治理效能。

（四）扎实推进农村人居环境整治提升

坚持以村庄规划引领农村人居环境整治提升，开展"美丽宜居共同缔造"试点，扎实推进农村改厕、生活垃圾污水治理等重点任务，全面提升全省农村人居环境舒适度，连续五年获得国务院真抓实干督查激励表扬。

1. 因地制宜推进农村厕所革命

按照"因地制宜、分类指导、精准施策、整村推进"的原则推进农村改厕。对城市周边农村，按照城乡统筹发展的要求，将厕所改造纳入城镇污水管网进行部署推动；对其他环境容量较小的农村地区，坚持以无害化卫生厕所为主，探索引入改厕保险机制。创新推广"首厕过关制"，确保改厕实效，把好事办好、实事办实。

2. 多措并举推进农村生活垃圾治理

积极推进"户投放、组保洁、村收集、镇转运、县处理"五级设施和服务体系建设，完善农村生活垃圾收集、转运、处置设施和模式。因地制宜采用小型化、分散化的无害化处理方式，降低建设和运行成本，构建稳定运行的长效机制。推广"绿色存折""五点减量"等有效做法，推动农村资源回收和环卫保洁"两网"融合，提高垃圾回收利用率。

3. 补齐农村生活污水治理短板

持续深化重点领域水污染治理，加快建设农村污水收集和处理设施，加强生活污染源治理。统筹推进厕所粪污、生活污水、黑臭水体治理，重点整治水源保护区和城乡接合部、乡镇政府驻地、中心村、旅游风景区等区域农村生活污水。推进乡镇污水处理设施及配套管网建设，截至2022年底，全省共建成乡镇污水处理设施862个，实现建制镇污水处理设施基本覆盖。

（五）积极促进县域基本公共服务均等化

以教育、医疗、社保等为重点，持续加大对农村地区基本公共服务投入，优化配置城乡公共服务资源，加快补齐农村基本公共服务短板。

1. 大力发展农村教育

提升乡村教师队伍建设水平。加强乡村学校教职工编制配备，统筹调配城乡教师资源。加大乡村教师公费定向培养经费投入，加强乡村教师培养补充工作，通过"互联网＋教育"助力乡村教师队伍建设。逐步提高乡村教师待遇，建立健全中小学教师平均工资收入水平与公务员平均工资收入水平联动增长机制、中小学教师工资待遇保障定期报告及监督检查机制。扎实推进城乡教育一体化建设。加快推进县域内城乡义务教育学校建设标准统一、教师编制标准统一、生均公用经费基准定额统一、基本装备配置标准统一和"两免一补"政策城乡全覆盖。因地制宜开展城乡教师交流互动，持续加强现代教育信息化建设，促进城乡教育协同、均衡发展。全面落实教育资助政策。免除义务教育阶段学杂费，免费提供义务教育教科书。加大对困难学生的资助工作，确保做到三个"一个也不能少"（一个对象也不能少、一个项目也不能少、一分钱也不能少）。把加强农村地区困难群体高校毕业生就业帮扶列入省委省政府重要议事日程，建台账建名单扎实推进高校毕业生充分就业。

2. 加快补齐农村医疗卫生短板

构建优质高效整合型的基层医疗卫生服务体系。持续加强紧密型县域医共体建设，发挥县级医院在县域内的龙头和技术支撑作用，强化县级医院与专业公共卫生机构的分工协作和业务融合，推进县乡村一体化管理，构建"防、治、管、教"四位一体的医防融合协同发展工作机制，促进优质医疗卫生资源下沉基层。改善基层医疗基础设施设备条件，健全基层医疗卫生机构信息标准体系，加快推进基层卫生信息系统与公立医院诊疗信息系统、医保信息系统等互联互通和数据共享，推动云计算、大数据等新一代信息技术与基层卫生健康服务深度融合。健全公益高效的基层卫生运行机制。壮大基层医疗卫生人员队伍，拓宽基层医务人员晋升通道。持续加强基层全科医生、专科医生、公共卫生医师、药师、护士等医技人员培训，不断巩固农村卫生服务网络基础，提升村级医疗卫生服务能力和水平。加大医保政策对基层倾斜力度，全面落实"两病"门诊用药保障政策。优先在纳入乡村一体化管理、配备执业（助理）医师的行政村卫生室开通普通门诊统筹和部分特殊病种门诊，提高门诊统筹可及性。对家庭医生签约服务实行医保政策倾斜，降低县级以下基层医疗卫生机构门诊报销起付线，增大与省、市级医疗机构的报销比例差距（表2）。强化基层卫生机构绩效考评。卫生健康部门全面开展基层医疗卫生机构绩效考核，强化结果应用，主动将考核结果通报同级财政、人社、医保等部门，作为相关部门制定基层医疗卫生机构财政补助、医保基金支付、薪酬水平等政策的依据，并与基层医疗卫生机构负责人聘任、奖罚、薪酬挂钩。实现中医药服务基层有效覆盖。推动"社区卫生服务中心和建制乡镇卫生院10项中医药适宜技术应用全覆盖"纳入年度工作要点，开展"中医馆进基层""中医药适宜技术进基层""中医知识进基层"等活动，组织县级中医药技术师资培训，提高基层中医药服务和教学水平，持续深化三级中医医院对口帮扶县级中医医院工作，引导优质中医医疗资源下沉。

表2 2022年湖南省城乡居民医疗保险报销比例

各级医疗机构	门诊报销比例		住院报销比例	
	起付线	报销比例	起付线	报销比例
基层医疗卫生机构	0	70%	200	85%
一级医疗机构	200	60%	500	82%
二级医疗机构	300	60%	800	80%
三级医疗机构	300	60%	1 200	65%
省部属医疗机构	300	60%	2 000	60%

数据来源：湖南省医疗保障局。

3. 精准落实帮扶政策

多措并举促增收。开展"春风行动"，推动长株潭与51个脱贫地区开展劳务协作对接，对脱贫劳动力优先帮扶安置。持续深化"创业培训、创业孵化、创业贷款、创业补贴、创业活动"五创联动创业模式，扶持创建家庭农场等各类新型农业经营主体，实现创业增收。加大农村技能人才培养补贴力度，明确市场导向，对接新兴优势产业链，动态更新市场紧缺职业目录，优化农村劳动力资源供给。社保兜底固成果。持续推进困难群体城乡居民基本养老保险费代缴工作，确保困难群体基本养老保险应保尽保。推动工伤保险参保扩面，保障农民工合法权益。强化基本医保、大病保险、医疗救助综合保障梯次减负功能，全面推进基本医疗保险全覆盖工作，扎实做好乡村振兴医保帮扶监测。

（六）大力加强农村精神文明建设

充分发挥文化滋润人心、德化人心、凝聚人心的作用，持续加强乡村文化和农村精神文明建设，切实提升农民精神风貌，不断提高乡村社会文明程度，推动乡风民风美起来、文化生活美起来。

1. 文化建设赋能乡村振兴

优化文化服务体系，出台多项公共文化服务规范与地方标准，完善公共文化建设政策体系；开展公共文化机构服务效能评价工作，促进公共文化机构服务能力整体提升；从服务内容、人员保障、安全管理等方面进一步规范村、社区综合文化服务中心场地建设。加强宣传阵地建设，充分依托农村新时代文明实践站（所、点）、村务公开栏、村文化墙等，组织动员群众广泛开展群众性精神文化活动，用新时代党的先进文化占领农村阵地。繁荣农村文化，坚持以人民为中心的创作理念，鼓励广大文艺工作者围绕乡村振兴主题，组织开展现实题材、农村题材创作；组织优秀文艺作品在全省乡村巡演，持续实施农村文化志愿服务"阳光工程""圆梦工程"；推进重要农业文化遗产挖掘保护，通过开展普查摸底、科学规划、宣传推介、成果展示、动态管理等工作，弘扬优秀传统农耕文化，推动遗产地经济、生态、社会协调可持续发展。

2. 大力发展农民体育事业

坚持以体育强省和健康湖南建设为主线，大力推进农村全民健身设施建设与管理，构建县（市、区）、乡镇（街道）、行政村（社区）三级全民健身场地设施网络，建设农村社区"30分钟健身圈"，确保人均体育场地面积达到全国平均水平。广泛开展全民健身活动，积极创建全民健身主题特色品牌活动，保障特殊群体基本体育权利。

3. 深入推进移风易俗工作

将"婚事新办、丧事简办、其他事宜不办"纳入村规民约。制定红白理事会章程，明确红白事操办流程和标准，持续倡导群众文明节俭操办婚丧喜庆事宜。省农业农村厅联合省委组织部等8部门印发《开展高价彩礼、大操大办等农村移风易俗重点领域突出问题专项治理实施方案》，与省委宣传部等单位联合印发《关于进一步深化文明节俭操办婚丧喜庆事宜推进移风易俗的通知》，在全省范围深入开展农村移风易俗突出问题专项治理。

二、湖南省农村社会事业发展的主要成效

坚持稳中求进工作总基调，立足新发展阶段，全面贯彻新发展理念，服务和融入新发展格局，持续深入实施"六大强农"行动，扎实做好乡村发展、乡村建设、乡村治理等重点工作，加快农村社会事业发展，努力打造乡村振兴湖南样板。

（一）教育资源进一步充实

1. 乡村教师队伍建设持续强化

以公费师范生为主渠道大力补充乡村教师队伍，全省共录取公费师范生11 860人，并输送8 942名毕业生到各地农村学校。继续大力实施农村特岗计划、"三区"支教计划、银龄讲学计划，招聘

特岗教师 3 328 人，选派支教教师 1 496 人，招募银龄讲学教师 430 人（图 1）。加大乡村教师培训力度，全年共培训约 9 万人次。落实"定向评价、定向使用、定期服务"基层中小学教师职称制度，评聘 27 名乡村中小学正高级职称教师。督促各地全面落实"义务教育教师平均工资收入水平不低于当地公务员"的要求，及时足额发放乡村教师各类津贴补贴，稳定乡村教师队伍。

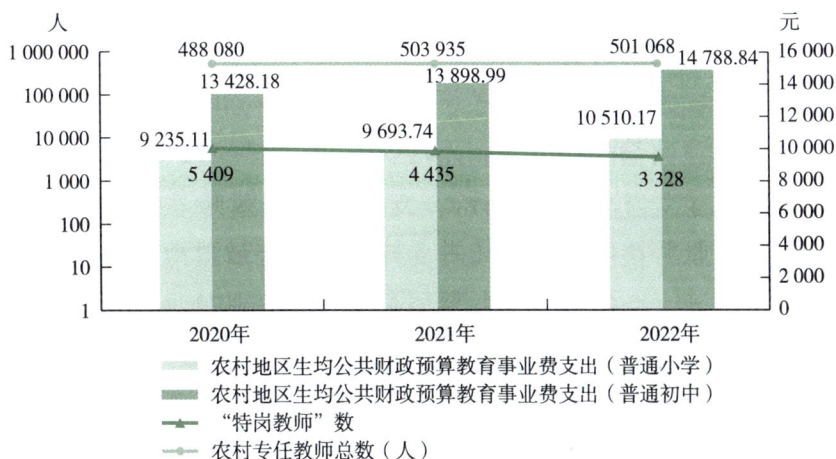

图 1　2020—2022 年湖南农村教育事业发展情况

数据来源：湖南省教育厅。

2. 农村义务教育办学条件有效改善

优化改造乡村小规模学校 559 所，基本完成年度规划的 861 个提质改造项目。指导各地编制实施义务教育薄弱环节改善与能力提升 5 年项目规划，下达中央专项补助资金 15.4 亿元。实施乡镇标准化寄宿制学校建设工程，确定年度省级项目校 419 所，下达专项补助资金 4.49 亿元。各级财政累计投入资金 97.6 亿元，建成 100 所芙蓉学校（在武陵山、罗霄山片区 40 个县建设的主要面向困难学生招生的中小学校），新增学位 14.6 万个，招收学生近 13 万人，确保了芙蓉学校招生划片范围内所有的学生都能就近入学。持续实施"学校联网攻坚行动""多媒体教室攻坚行动"，实现乡村学校

"网络到校""终端到校"两个 100％ 覆盖，全省九年义务教育巩固率超过 98％，实现了"义务教育有保障"的历史性目标。

3. 高等院校涉农支持力度有效加强

引导高校开展现代农业关键技术研发，推进校地、校企合作，强化涉农专业及平台建设，全省高校共设置 111 个涉农专业点，成立 26 个乡村振兴研究机构。持续实施"农民大学生培养计划"，职业院校每年定向培养乡村紧缺专业技术人才、农村大学生 9 万余人，学员覆盖全省所有行政村。

4. 教育帮扶工作成效显著

全省义务教育阶段累计劝返辍学学生 1 029 人，其中脱贫家庭学生 435 人。全省高校共派出 99 支驻村工作队和 300 余名干部教师，深化拓展帮扶形式和内容，支持乡村振兴重点帮扶县发展。根据《支持十五个乡村振兴重点帮扶县跨越发展实施方案》，下达 15 个县教育专项转移资金 30.73 亿元。

（二）医疗健康服务能力和水平进一步提升

1. 基层卫生服务网底更密更牢

全省基层医疗卫生机构定向招收培养本科层次医学生 450 名、专科层次本土化人员 995 名，组织 1 067 名毕业生参加乡村医生执业资格考试。全省 1 526 个建制乡镇卫生院拥有至少 2 名全科医生，23 704 个行政村卫生室实现人员、场地、常用药品及设备、服务保障"四个到位"。

2. 基层医疗服务能力持续提升

全省建制乡镇卫生院标准化建设达标率不断提升，行政村卫生室标准化建设率达 96.82％，公有产权率达 89.74％。省财政投入专项资金 2 亿元，为乡镇卫生院修缮业务用房 30 万平方米，配备紧缺医疗仪器设备 770 台件；统筹专项资金为 40 个脱贫县（市）的 320 个基层医疗卫生机构新建标准化、数字化预防接种门诊 275

个，支持特色专病专科建设点 45 个。深入推进三级医院对县级医院帮扶，并明确 40 家城市三级医院对口 15 个重点帮扶县，基层医疗服务能力显著提升。全省农村医疗卫生事业发展情况见表 3。

表 3　2020—2022 年湖南农村医疗卫生事业发展情况

指　　标	2020 年	2021 年	2022 年
乡镇卫生院数量（个）	2 143	2 099	2 085
乡镇卫生院床位数（万张）	10.74	10.63	10.87
全省村卫生室数量（个）	38 109	37 078	36 129
全省村卫生人员数（万人）	4.82	4.47	4.43
全省医共体数量（个）	36	36	69
全省医共体服务人口（万人）	1 176.97	1 176.97	2 360.35

数据来源：湖南省卫生健康委员会。

3. 紧密型县域医共体试点成效显著

紧密型县域医共体的 20 个试点县县域内住院人次占比明显提升，其中住院人次占比达到 90％以上的县市有 6 个；16 个试点县实现县域内就诊率达到 90％以上。在医保基金使用方面，20 个试点县中有 8 个医保基金县域内支出率（不含药店）超过 70％，有 4 个试点县支出率在 60％～70％，有 16 个试点县与 2021 年相比有所提升。有 4 个试点县的县域内基层医疗卫生机构医保基金支出占比达到 20％以上，有 5 个试点县支出占比在 15％～20％，有 16 个试点县与 2021 年相比有所提升。

4. 中医药服务基层有效覆盖

提质升级建设 776 个乡镇卫生院"中医馆"，示范建设 1 080 家村卫生室"中医阁"，不断推进基层中医药技术广泛应用。依托 104 个基层中医药适宜技术培训推广基地，开展 20 项中医药适宜技术和 40 个中医药常见病种推广应用。浏阳市、益阳市资阳区获评全国基层中医药工作示范县，基层中医药服务占比达 29.66％，在国家分级诊疗指标监测中排名全国第 7 位。

（三）文化事业繁荣发展

1. 文化服务更加丰富

持续组织全省各级文艺院团开展"送戏曲进万村、送书画进万家"活动 8 501 场，组织"欢乐潇湘"优秀作品巡演活动走进乡村振兴重点帮扶县。深入 1 462 个乡镇（村），开展"湖南公共文化进村入户·戏曲进乡村"惠民活动 4 790 场。圆满完成"欢乐过大年·喜迎冬奥会——我们的美好生活"全国"村晚"示范展示活动十八洞村分会场暨"赏年画过大年"湘西农民年画展览惠民活动，线上线下参与人数达 63.3 万人次。持续实施乡村公共文化服务"门前十小"工程，推介 338 个乡镇（街道）综合文化服务中心和村（社区）综合文化服务中心为"最美潇湘文化阵地"。

截至 2022 年底，全省共有乡镇综合文化站（服务中心）2 167 个、村级综合性文化服务中心 25 042 个，覆盖率达到 100%，基本形成"乡有一站、村有一室"的建设格局，农村文化服务从业人员达到 31 068 人，文化服务队伍更加充实（图 2）。

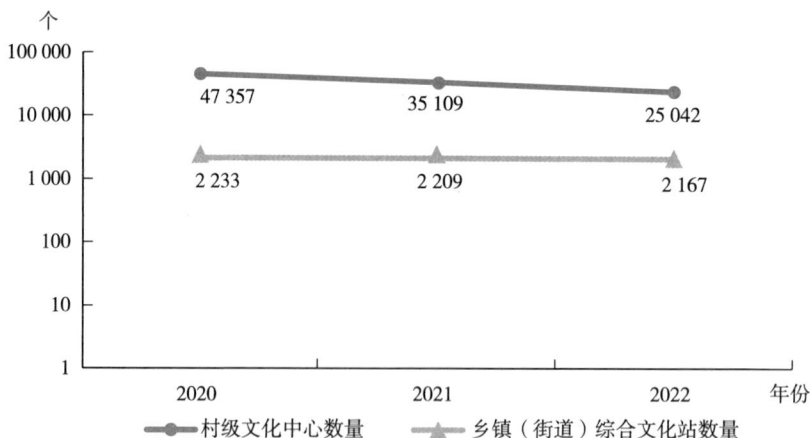

图 2　2020—2022 年湖南农村文化事业发展情况

数据来源：湖南省文化和旅游厅。

2. 文旅产业更加繁荣

乡村旅游精品工程成效显著，已培育中国历史文化名镇 10 个，中国特色小镇 16 个，中国民间文化艺术之乡 9 个，省级历史文化名镇 36 个，湖湘风情文化旅游小镇 66 个，经典文化村镇 65 个，湖南民间文化艺术之乡 52 个。张家界株木岗等 7 个村、协合乡等 3 个镇（乡）入选第四批全国乡村旅游重点村和第二批全国乡村旅游重点镇（乡）名录。红色文化引领革命老区旅游业高质量发展。湖南、江西两省签署《湘赣边红色旅游合作框架协议》，两省 24 个县市区成立湘赣边红色文化旅游共同体，规划推出了 1 条湘赣边乡村振兴红色旅游经典线和 5 条分支线，串联两省 9 个县市，沿线辐射 70 个乡镇，覆盖 101 个脱贫村和 100 个景点，辐射带动 211 个乡村旅游重点村。"非遗"文化资源助力乡村振兴。全省共设立非遗工坊 254 家，参与人群 12.9 万人，带动 7.2 万人在家门口就业。举办第三届湖南非遗购物节，共展示非遗项目 1 200 多个，参与非遗工坊、老字号 320 多家，直接销售额 6 000 多万元。

3. 乡风乡俗更加文明

持续加大乡风文明建设力度，在 20 个市县开展婚俗改革试点，在 6 个市县开展殡葬改革试点。争取省财政投入资金 9 670 万元、中央预算内投资 3 600 万元、中央福彩公益金投资 1 254 万元，支持 17 个殡仪馆新建改扩建、107 个乡镇公益性公墓建设。举办"山河清明一脉'湘'承"清明文化节，推进百城联动、百馆联动、百园联动，系统讲述清明系列故事，引导群众弘扬优良家风，文明节俭祭扫，清明期间全省网络祭扫 386.03 万人次。

4. 体育事业蓬勃发展

截至 2022 年底，湖南省行政村体育场地设施覆盖率达到 90.08%，共有 21 461 个行政村设有体育健身设施器材。积极举办各类体育赛事活动，涌现出一大批群众参与度高、社会反响度好、引领示范性强，具有鲜明湖湘地域文化特色的品牌赛事活动，极大地丰富了广大农村地区的体育文化生活。如积极举办"大美里耶·云端上的骑行"八面山自行车邀请赛，吸引省内外数千名自行车爱好者参赛，参与"帐篷节""美食节"等衍生活动的群众更是多达3万余人；积极举办"走红军走过的路·徒步穿越大湘西"活动，吸引万余群众积极参与。

（四）社保事业提质增效

1. 就业质量不断提升

聚焦就业优先，大力推动农村劳动力转移就业。全省农村劳动力转移总规模为1 661.48万人，脱贫务工人口251.5万人，超额完成年度目标。建成就业帮扶车间6 541个，帮扶基地1 384个，分别吸纳6.8万、3.7万名脱贫劳动力"家门口"就业，较2021年分别增长11.5％和10.1％。印发《关于明确湖南省职业技能培训补贴标准的通知（试行）》，明确补贴范围，加大补贴力度，组织农村转移就业劳动者培训18.88万人次。

2. 社保帮扶更加有力

全省参加城乡居民基本养老保险的困难群体共有229.88万人（含当年度终止参保人员），其中领取养老待遇的困难群体74.89万人，做到应发尽发。为101.71万困难群体代缴城乡居民养老保险保费10 652.78万元，切实减轻了困难群体缴费负担。全省基本医疗保险参保人数为6 558.4万人，其中城乡居民基本医疗保险（以下简称居民医保）参保人数为5 470.6万人，比上年末（5 723.46万人）减少252.86万人（表4）。将114万脱贫人口和监测人口纳入农村低保、特困人员供养兜底保障范围，农村低保平均标准达到每人5 593元/年，农村特困供养标准达到每人6 931元/年，较上年分别提高337元和184元。

表4　2020—2022 年湖南农村社保事业发展主要情况

指　　标	2020 年	2021 年	2022 年
农村劳动力转移就业（万人）	1 638.81	1 666.15	1 661.48
城乡居民基本养老保险参保人数（万人）	3 471.11	3 443.55	3 421.47
城乡居民基本养老保险基金收入（万元）	1 901 149.91	2 357 080.00	2 488 410.22
城乡居民基本养老保险基金支出（万元）	1 429 450.96	1 533 235.56	1 628 837.33
城乡居民基本养老保险基金累计结余（万元）	4 109 915.21	4 933 759.65	5 793 332.55
农民工参加工伤保险人数（万人）	292.46	304.36	273.77
城乡居民基本医疗保险参保人数（万人）	5 742.05	5 723.46	5 470.60
城乡居民基本医疗保险基金收入（万元）	4 787 091.69	5 027 994.80	5 369 696.36
城乡居民基本医疗保险基金支出（万元）	4 602 183.52	4 582 955.15	4 753 696.43
农村居民最低生活保障人数（人）	1 495 166	1 452 590	1 421 241
农村居民最低生活保障平均标准（元/月）	417	438	466
全年支出农村低保金（万元）	430 092.9	469 557.4	465 978.4
农村特困人员救助供养（人）	362 375	352 924	350 523
建成村级互助型养老服务设施（个）	10 677	14 808	15 258
村级互助型养老服务设施覆盖率（%）	45.09	62.54	64.44

数据来源：湖南省人力资源和社会保障厅，湖南省民政厅，湖南省医保局。

（五）农村人居环境整治有序提升

扎实推进农村人居环境整治提升，农村改厕、生活垃圾和污水治理、村容村貌提升等重点领域工作取得积极进展，宜居宜业和美乡村建设深入推进。

1. 农村"厕所革命"不断深化

农村卫生厕所普及率不断提高，创新推广"首厕过关制"工作经验，深入推进农村户厕标准化，全年新改建户厕 55.7 万余户、公厕 1 919 座（表 5）。安排 2.3 亿元专项资金用于农村户厕问题整改和粪污达标排放等提质工作，共摸排出问题厕所 95 352 个，立行立改 87 301 个。张家界武陵源景区入选文化和旅游部"2022 全国旅游厕所建设与管理优秀案例"。

表5　2020—2022 年湖南农村人居环境整治情况

指　　　标	2020 年	2021 年	2022 年
新增改厕户数（万户）	100	72.26	55.7
省级美丽乡村（个）	748	1 049	1 079
畜禽粪污综合利用率（％）	80.3	83	83
畜禽规模养殖场粪污处理设施装备配套数（个）	17 613	19 076	19 453

数据来源：湖南省乡村振兴局，湖南省住房和城乡建设厅。

2. 农村生活垃圾治理提升全面推进

投资 2 亿元新建成乡镇垃圾中转站 110 个，取缔拆除全省 59 个小型生活垃圾焚烧设施并生态复绿，年度整改率达 100％。农村生活垃圾治理信息系统和农村生活垃圾治理监督平台小程序全面推广，镇村生活垃圾治理智慧化管理体系加快建立，省、市、县、镇（乡）四级信息互联共享基本实现。探索推行村民付费机制，全省约 40％的村庄实施了农村垃圾治理村民付费制度，其中，株洲市、湘潭市实现村民付费 100％全覆盖。

3. 农村污水治理提升持续推进

完成 617 个村农村生活污水治理，支持 50 个县市区对山塘等农村小水源清淤扩容和岸坡整治，使"臭水坑"变成"清水塘"，全省农村生活污水治理率提升至 31％左右。相继出台《湖南省农村生活污水处理设施水污染物排放标准（DB43/1665—2019）》《湖南省农村生活污水治理技术指南（试行）》《湖南省农村生活污水治理设施运维指南》等技术规范性文件，农村生活污水治理标准体系不断完善。

4. 村容村貌整治提升深入推进

"千村美丽、万村整治"示范创建深入开展，省市县三级累计建成美丽乡村示范村 7 500 余个，其中省级授牌村 1 000 余个，省级特色精品乡村 180 个。全省重点打造了 30 个省级美丽乡村示范创建村，带动各市州县创建美丽乡村 500 个以上。美丽乡村建设"有规可依""有标可依"，全省 1 435 个乡镇启动了国土空间规划编制工作，《湖南省美丽乡村建设指南（DB43/T 2269—2021）》《湖南省美丽乡村评价规范（DB43/T 2270—2021）》等乡村建设标准相继出台，确保美丽乡村建设建有方向、管有办法、评有标准。村庄清洁行动压茬推进，全年清理生活垃圾 173 万吨、畜禽粪污等农业生产废弃物 115 万吨，清理村内水塘 8.2 万口、沟渠 10.6 万千米，清理 8.4 万千米附挂敷设光缆，梳理安全隐患点 2.3 万处。永顺县、资阳区、北湖区等 3 个国家水系连通及水美乡村试点县建设大力推进，累计完成年度投资 6.5 亿元，治理河道 50 千米。

（六）农村基础设施建设日趋完善

1. 农村物流服务体系建设进一步完善

全省 98% 的乡镇实现了品牌快递直通，80% 以上的行政村实现了快递直达、网购商品进村到户。同年通过电商销售的农产品零售额达到了 355.2 亿元，其中"全国网上年货节""双品网购节"等湖南地区活动共拉动网络消费 199.3 亿元；炎陵黄桃、澧县阳光玫瑰、湘西春茶等地域代表性产品电商销售额超 8 000 万元。全省新增菜鸟网络末端快递驿站 311 处，建成 70 家县级共配网络中心，并成功获批国家农产品供应链冷链物流体系建设试点省份。

2. 农村道路建设成效显著

农村道路乡镇通三级及以上等级公路完工 508 千米，农村旅游资源产业路完工 3 974 千米，实施农村公路安全生命防护工程 6 970 千米、危桥改造 618 座。累计创建"四好农村路"省级示范县 52 个、示范市 2 个，全国示范县 17 个，评选年度"湖南省最美农村路"10 条、"湖南省最具人气路"5 条。城乡客运一体化加速推进，已完成 8 个县市区城乡客运一体化示范创建。客货邮融合发展试点稳步推进，攸县、耒阳等 7 个农村客货邮融合发展示范创建工作基本完成，农民群众出行更加便利。2020—2022 年湖南农业农村基础设施建设情况见表 6。

表 6　2020—2022 年湖南农业农村基础设施建设情况

指　　标	2020 年	2021 年	2022 年
累计建成高标准农田面积（万亩①）	3 152	3 615	4 075
乡镇通三级及以上公路比例（％）	65.93	69.26	74.15
农村公路优良中等路率（％）	82.43	85.73	86.04
达到省级以上城乡道路客运一体化示范县水平的县市区比例（％）	8	8	30
农村自来水普及率（％）	89.3	85.5	86.2
乡村居民生活用电量（亿千瓦时）	284.9	302.96	324.89
农村电网供电可靠率（％）	99.81	99.81	99.82
具备条件的建制村快递服务覆盖率（％）	34.62	89.24	92

数据来源：湖南省 2022 年统计年鉴，湖南省交通厅，湖南省农业农村厅，湖南省邮政局，湖南省电力公司。

注：农村自来水普及率降低的原因在于：前后定义标准不同，2020 年自来水普及率是按 20 人以上集中供水工程计算。2021 年起水利部要求提高，按 100 人以上集中供水工程计算。

3. 农村饮水安全巩固提升效果明显

全省共建成农村供水工程 1 097 处，受益农村人口 396 万人；维修养护工程 4 673 处，服务人口 1 790 万人。积极改善农业灌溉基础设施条件，全省耕地灌溉面积 4 857 万亩，2 000 亩以上灌区 2 116 个，有效灌溉面积 2 992 万亩，其中大中型灌区 662 处，有效灌溉面积 2 511 万亩。完成津市市、娄星区、岳阳县 3 个首批国

———————

①　亩为非法定计量单位，1 亩≈667 平方米，下同。

家水系连通及水美乡村建设试点县和 22 个"水美湘村"建设评估。

（七）数字乡村建设取得进展

1. 乡村信息基础设施建设不断夯实

全省电信普遍服务项目支持建设农村基站 1 402 个，其中 4G 基站 1 111 个，5G 基站 291 个，获中央财政补助资金 25 236 万元。5G 网络覆盖面持续扩大，行政村通达率达到 64%。景区、产业园区等重要场景无线网络覆盖稳步提升，4G 网络进一步延伸，20 户以上自然村组通达率达到 98.9%。光纤网络加快推进，20 户以上自然村组光纤网络通达率达到 92%，农村宽带用户数达到 818.4 万户。

2. 信息进村成效明显

全面推进信息进村入户工程，截至 2022 年底，全省共挂牌建成县级运营中心 121 个，建设村级益农信息社 23 511 个，行政村益农信息社覆盖率达到 100%，实现了在村事项"一门式"数字化服务，办理时间平均缩减 70% 以上。积极开展"雪亮工程"建设，共投入建设资金 23.27 亿元（省级财政共补助资金 4 000 万元），新建改造乡村公共部位视频摄像头 11.5 万个，中小学幼儿园周边等重点部位视频摄像头 10.35 万个。"雪亮工程"基本实现行政村全覆盖（每个行政村至少安装 3 个高清摄像头）。

三、湖南省农村社会事业发展面临的问题与挑战

总的看，农村社会事业各项工作进展顺利、成效明显。但是对标全面推进乡村振兴的新形势和新要求，农村社会事业发展不平衡不充分现象仍然存在。主要表现在以下方面。

（一）农村社会事业发展的资金保障机制有待完善

受国际环境和国内新冠疫情影响冲击，全省各地经济下行压力

进一步加大，给农村地区加大社会事业投入、改善基础设施和基本公共服务供给等带来更大挑战。一是基础设施层面。受地方财力制约，很多地区农业农村基础设施资金投入有限，丘陵山区像山塘破损渗漏、灌排渠道老化破损、机耕道路布局较少等问题长期得不到解决；由于地方配套资金难以足额到位，运用水权益、水市场等手段投融资的能力不足，农村水利建设资金筹措难度大，项目进展缓慢。在数字乡村发展过程中，农业农村信息化长期存在支持政策多、扶持资金少等问题，也没有安排省级农业农村信息化建设专项资金，难以满足数字农业农村发展需要。二是在教育层面。"民转公"、学前教育普及普惠、课后服务"双减"工作财政保障压力沉重，且随着经济社会发展，物价和供货成本逐年提升，现行免费教科书标准、校舍维修标准、贫困寄宿生生活补助标准等为多年前核定，未进行动态提标，已无法满足当前需求。此外，一些必要支出如学生饮水、体检、近视防控、校方责任险、校园安全等缺少经费支撑。三是在社会保障层面。养老保险方面，城乡居民基本养老保险实行'个人缴费＋集体补助＋政府补贴'的筹资模式，并为困难群体代缴保费，随着人口老龄化程度加深，基础养老金支出也逐年增长，政府补贴压力不断加大；医疗救助方面，按照《湖南省医疗救助办法》规定的救助对象范围和救助标准，经测算，2022 年全省共需要医疗救助资金约 25.6 亿元，资金缺口为 2.47 亿元，资金配套难度较大，筹资机制有待优化。四是在精神文化建设层面。受经济下行压力影响，各级财政在农村文化体育建设上投入不足，基础性的体育场地器材建设"等靠要"情况比较普遍。另外，社会力量参与文体服务的渠道不够顺畅，尚未形成规模性的多元化公共文化服务投入机制和多主体的公共文化产品供给机制。

（二）农村基础设施的支撑能力有待提升

目前，城乡基础设施建设的不平衡与人民日益增长的美好生活需要、湖南高质量发展的实际需要之间的矛盾仍然突出。一是部分地区抗旱水源工程保障能力不足。全省千人以下农村供水工程水源多以山泉水、山溪水、地下水等小水源为主，且备用水源不足，季节性缺水现象凸显。2022年夏季大旱，全省48万人一度出现饮水困难，其中千人以下工程和分散工程人口占比超过八成。二是农村抗旱保供工程体系还存在薄弱环节。"四水"流域堤防建设整体标准偏低，堤防达标率不高，病险水库、水闸数量较多，水利基础设施安全风险隐患仍然较大。三是农村的充电桩使用率低。虽然目前全省已经在农村地区加速建设充电桩，但是由于居民居住相对分散，分散式建设施工工程量大，电缆铺设量大，导致投资、管理、运营成本增加。此外，企业投资回收周期长也是阻碍充电桩下乡的一个重要原因。四是数字乡村建设发展效率尚需突破。虽然农村地区通信基础设施配套状况有了较大改善，但光纤网络入户率和5G覆盖率还有待提高，互联网通村入户"最后一公里"瓶颈凸显。另外，数字乡村建设发展模式相对单一，社会资本和民众参与程度较低，也影响了数字乡村建设的长足发展。

（三）农村人居环境整治长效机制有待完善

一是农村人居环境整治提升仍存在短板。存量户厕改造提升压力较大，不同时期改厕标准不同，提升群众满意度需要持续用力、持续投入，地方财政投入压力大。农村垃圾转运配套设施相对不足，生活污水、生活垃圾处理技术规范性较差、适应性不强，缺乏实施效果可持续提升的保障机制。二是长效建设管护机制需要完善。部分地区长效管护机制不健全，重建轻管现象仍然存在；各地乡村建设和管理人才储备不足，管护服务标准不一，管护资金筹措渠道较为单一；有的地方宣传工作不深入，缺乏接地气的宣传媒介，发动群众办法不多或大包大揽，群众主体责任不明确，导致少数农民群众对改厕等人居环境整治工作不关心、不上心，"政府干、农民看"现象仍有存在，农民主体、市场和社会力量参与不够。

（四）公共服务政策和水平有待完善和提升

一是教育发展不平衡不充分的问题仍然突出，教育发展瓶颈比较明显。湖南是劳动输出大省，随着工业化、城镇化进程的加快，越来越多农村劳动力转向城市就业，农村留守儿童数量较多，缺乏足够的亲情关爱和有效的督促指导，已然成为农村教育发展的困境之一。此外，尽管近几年加大农村地区教师配备，但乡村学校音体美、劳动教育、信息技术、心理健康教育等学科发展不足，乡村教师紧缺的现象依然存在。二是基本医保全覆盖难度加大。一方面，近两年受外部因素影响，群众经济承受能力普遍减弱，对医保缴费标准年年提高意见较大，群众参保意愿出现降低情况。低保、特困、重残等困难人员身份实行动态调整，但医保和税务部门信息系统身份标识存在不同步的问题，以常住人口统计参保率和部分外出务工人员在户籍地参保的习惯之间存在矛盾。另一方面，医疗救助托底保障政策执行不到位。按政策要求，在完成基本医疗保险、大病保险和医疗救助三重制度支付后，仍有返贫致贫风险的监测对象等人员，要按照以不低于50%的比例进行再救助。但在具体实施过程中，由于部门之间信息不对称，影响了对第三类救助对象、再救助对象救助工作的推进。三是城乡居民基本养老保险制度有待进一步完善。城乡居民基本养老保险制度为自愿参保，缺乏强制约束，容易出现中断缴费等情况；参保人普遍选择低档缴费，个人账户积累少；月人均待遇水平总体偏低，不到农村居民人均可支配收入的12%，保障城乡老年居民基本生活能力不足。

（五）农村文化多元特色有待挖掘

由于文化资源分布、政策扶持力度、人才培养等原因，农村特色文化产业呈现出区域发展不平衡的问题。当前对优秀传统文化的挖掘力度较弱，农村文体活动缺乏多元特色和创新。一是农村文化产业发展业态单一、模式趋同。与城市文化产业相比，农村文化产业主体发育相对滞后，相关文化企业规模较小、管理营销水平不高，农村现有传统文化产品的创意、设计、工艺、品牌等仍处于初期阶段，乡村特色文化资源和文化产业有机结合程度不高。二是乡村公共文化供给不能完全适应农村现实需要。现有文化服务没有适应乡村人口结构的变化，供给方式单一化、内容同质化，很多地方乡村文化服务仍然以传统的送戏下乡、送书下乡为主，互联网等新技术在乡村文化建设上运用不足，不能满足农民群众日益增长的文化需求。三是省级公共文化领域相关立法工作滞后，相关政策法规不够完善。县级文旅部门对乡镇文化专干没有管理权限，对文化站经费没有监管权限，加上缺乏简便可行的基层公共文化服务效能评价机制，导致文化站既缺钱又缺人，难以正常发挥阵地功能。

四、湖南省农村社会事业发展的对策建议

坚持以"乡村建设行动"为抓手，秉持"尊重规律、稳扎稳打，因地制宜、分类指导，注重保护、体现特色，政府引导、农民参与，建管并重、长效运行，节约资源、绿色建设"的原则，以普惠性、基础性、均衡性、共享性建设为重点，不断加强农村基础设施和公共服务体系建设，全面提升全省农村社会事业发展质量，建设宜居宜业和美乡村。

（一）强化资金与人才支撑，加大社会事业保障力度

一是加强资金投入力度。围绕财政支持政策做好项目谋划布局与储备，做好项目、政策、资金的精准对接，完善财政、融资和土地等配套优惠政策，争取更多的财政预算投入薄弱地区的农村社会事业。二是统筹整合涉农资金支持农村社会事业发展。优化涉农资

金投向，以规划引领涉农资金统筹使用和集中投入，提高政策实施效果和资金使用效率。三是强化人才技术标准支撑。加快培育各类技术技能和服务管理人员，探索建立乡村规划师、乡村工匠培养和管理制度，支持熟悉乡村的专业技术人员参与村庄规划设计和项目建设，统筹推进城乡基础设施建设管护人才互通共享。

（二）全面加强农业农村基础设施建设，固宜居之基

高质量推进"四好农村路"建设，通过示范创建持续提升管养水平。持续对供水薄弱地区、脱贫地区、脱贫人口等饮水状况进行动态监测，继续恢复农村小水源供水能力，继续在全省范围内开展"水美湘村"示范建设。加快农产品仓储保鲜冷链物流设施建设，扩大农村电商覆盖面，提高农村物流配送效率。对住房安全加强动态监测，深化农村房屋安全隐患排查整治工作，加强农村建房信息化、平台化管理，构建农村建房安全监管体系。加快乡村信息基础设施建设，持续推进城市农村"同网同速"，优化提升农村及偏远地区学校、医院网络接入水平和质量。有序推进农业农村、商务、民政、邮政快递、供销等部门农村信息服务站点的整合共享，推广"多站合一、一站多用"。

（三）持续推进人居环境工作提质增效，塑造乡村新风貌

推动人居环境整治提升全域覆盖，扎实推进卫生厕所改造提升，严格执行标准，科学选择、积极推广简单成熟实用卫生改厕模式、技术和产品。加强厕所和养殖业粪污无害化处理与资源化利用，逐步推动厕所和养殖业粪污就地就农消纳、综合利用。分类推进农村生活垃圾资源化利用和生活污水治理，健全完善农村生活垃圾收运处置体系和分类减量与利用，因地制宜探索具有农村特色的生活垃圾分类方法，构建稳定运行的长效机制，加强日常监督，提

高运行管理水平。全面消除农村黑臭水体,积极推动农村厕所、生活污水、垃圾处理设施设备和村庄保洁等一体化运行管护。

(四)完善农村基本公共服务体系,保障农民生活质量

一是多措并举推动乡村教育事业发展。以巩固义务教育有保障为底线,持续抓好控辍保学、义务教育办学条件改善、"两类学校"建设、学生资助帮扶、留守儿童关爱等工作,全面夯实乡村教育发展基础,为推动乡村教育高质量发展提供坚实支撑。进一步深化乡村学校课程教学改革,提升乡村教师专业化水平。推动城市优质基础教育学校以城带乡结对帮扶,促进优质教育资源向乡村辐射,带动提升乡村教育质量。充分发挥信息化助力乡村教育水平提升的关键作用,加强乡村学校教育信息化建设,推进"互联网+"师范院校支教,共享城市优质教育资源,让乡村学校"缩差距、同进步"。二是全面完善乡村医疗卫生体系。推动紧密型县域医共体高质量发展,推进"急救网络一体化、人员管理一体化、药品管理一体化、信息平台一体化、管理考核一体化"五个一体化建设,促进优质医疗资源扩容下沉和区域均衡布局,让群众就近享有更加公平可及、系统连续的健康服务,更好满足人民群众健康需求。加大对农村地区医疗资源建设的投入,提高基层医疗机构的基础设施和人员配置水平,吸引优秀医学生留在农村从事医疗卫生工作,并为其提供更好的发展机会和待遇。加强农村地区医疗技术的引进和应用,推广远程医疗模式,通过信息化手段缩小城乡医疗资源差距。三是完善社会保障体系助力乡村振兴。持续完善农村养老保障体系,创新居家社区养老服务模式,鼓励养老机构依托社区养老服务平台开展多样化居家养老服务,切实提升居家社区养老服务能力。加强养老保险制度衔接,推进养老保险制度间关系转移接续等经办业务全省无障碍办理。强化兜底保障,稳步提高特困、经济困难高龄和计划生

育失独老年人补助标准。开展城乡居民医保参保扩面专项行动，突出重点群体参保，分类施策、精准扩面，努力实现应保尽保。健全分层分类社会救助体系，加强特殊群体关爱服务，兜住兜准兜好民生保障底线。

（五）加强农村精神文明建设，打造和美乡村生活共同体

加大文化体育公共基础设施建设，在村民步行可达的范围内，加快配备更多更好的公共文化服务设施与公共活动空间，逐步形成安全、友好、舒适的复合型文化空间单元。强化乡村网络文明建设，通过网络平台宣传中华优秀传统文化，推广应用传统村落"数字博物馆"，加强农村文物资源的数字化保护。大力推进乡风文明建设，加强农村思想道德建设，弘扬中华民族优秀传统美德，发挥农村基层党组织战斗堡垒作用和党员先锋模范作用，强化村民自治，突出问题导向，逐步建立农民群众自我管理、自觉践行移风易俗的长效机制。加强农耕文化传承保护，对濒危农耕文化遗产进行抢救性保护，大力建设农耕文化传承基地，做好农耕文化景区的基础设施和服务设施建设。通过支持非遗传承人培育工作，积极培养农耕文化的继承者和传播者，大力传承和保护农耕文化。

2022 年广东省农村社会事业发展报告

广东省委、省政府高度重视农村社会事业发展。2022 年，全省按照全面推进乡村振兴总体部署，统筹推进农村社会事业补短板、强弱项、提质量、增实效，着力构建优质均衡的公共服务体系，以高质量农村社会事业建设成果不断提升农民群众的获得感、幸福感。

一、广东省农村社会事业发展的重要举措

广东坚持"乡村振兴为农民而兴、乡村建设为农民而建"的战略导向，陆续出台了一系列政策举措，积极推动资源要素向农村、农民倾斜，逐步补齐农村社会事业短板和弱项。

（一）强化支撑农村社会事业发展的政策集成

为贯彻落实党中央、国务院决策部署，先后出台《广东省公共服务"十四五"规划》《广东省推进农业农村现代化"十四五"规划》《广东省乡村振兴促进条例》《广东省乡村建设行动实施方案》《广东省人民政府办公厅关于进　步加强涉农资金统筹整合的实施意见》等政策文件，为新时期广东持续优化城乡公共服务资源均衡配置，实现发展提质增效，提供了重要战略指导。年初，省政府工作报告进一步明确要优化基本公共服务资源配置，提出实施广东省基本公共服务标准、完善省级统筹协调机制、加大均衡性转移支付力度等具体措施。另外，全省还分别在教育文化、乡村治理、医疗卫生、社会救助、基础设施建设、社会保障、就业创业、人居环境

整治等 8 个领域出台多项政策举措和实施方案，进一步推进各领域
农村社会事业持续快速发展（表1）。

表 1　农村社会事业主要配套政策

领域	文件名称
公共服务	《广东省公共服务"十四五"规划》
	《广东省推进农业农村现代化"十四五"规划》
教育文化	《广东省"十四五"县域普通高中发展提升行动计划》
	《广东省基础教育高质量发展试点实施方案》
	《广东省义务教育薄弱环节与能力提升工作 2021 年至 2025 年规划》
	《广东省基础教育高质量发展试点实施方案》
	《关于抓党建促乡村振兴的若干意见》
	《广东省乡风文明建设行动实施方案（2022—2025 年）》
	《关于进一步加强乡风文明建设的实施意见》
乡村治理	《关于加强和改进乡村治理的实施意见》
	《关于在乡村治理中推广运用积分制的指导意见》
	《关于在乡村治理中推广运用清单制的指导意见》
	《关于抓党建促乡村振兴的若干意见》
医疗卫生	《广东省医疗卫生服务体系"十四五"规划》
	《广东省紧密型县域医疗卫生共同体高质量发展行动方案（2022—2025 年）》
	《广东省巩固拓展医疗保障脱贫攻坚成果有效衔接乡村振兴战略实施方案》
	《广东省人民政府办公厅关于印发广东省职工基本医疗保险门诊共济保障实施办法的通知》
	《关于建立广东省医疗保障待遇清单制度的实施方案》
	《广东省人民政府办公厅关于健全重特大疾病医疗保险和救助制度的实施意见》
	《关于进一步做好我省灵活就业人员参加职工基本医疗保险有关工作的通知》
	《广东省基本医疗保险关系省内转移接续暂行办法》

（续）

领域	文件名称
社会救助	《广东省人民政府办公厅关于健全重特大疾病医疗保险和救助制度的实施意见》
	《广东省特困人员救助供养工作规定》
	《广东省最低生活保障边缘家庭和支出型困难家庭救助办法》
基础设施建设	《广东省乡村建设行动实施方案》
	《广东省贯彻落实〈数字乡村发展战略纲要〉的实施意见》
	《广东省农村低收入群体等重点对象住房安全保障工作实施方案》
	《广东省农村公路扩投资稳就业更好服务乡村振兴攻坚方案》
	《广东省农村供水"三同五化"改造提升工作方案》
	《广东省加快农村能源转型发展助力乡村振兴实施方案》
	《广东省深化农村公路管理养护体制改革试点工作实施方案》
	《广东省交通运输厅关于贯彻落实"百县千镇万村高质量发展工程"推动城乡区域交通运输协调发展的实施意见》
	《广东省高标准农田建设规划（2021—2030 年)》
	《广东省加快农村能源转型发展助力乡村振兴实施方案》
	《广东省小水电清理整改工作实施方案》
	《关于进一步做好我省小水电分类整改工作的通知》
社会保障	《广东省特困人员救助供养工作规定》
	《关于城乡居民基本养老保险助力全面实施乡村振兴战略的若干意见》
	《关于加快推进"十四五"特殊困难老年人家庭适老化改造工作的通知》
	《关于做好 2023 年特殊困难老年人家庭适老化改造民生实事的通知》
	《关于进一步完善我省被征地农民养老保障政策意见的通知》
	《广东省城乡居民基本养老保险实施办法》
	《广东省人力资源和社会保障厅、广东省财政厅关于 2022 年提高城乡居民基本养老保险全省基础养老金最低标准的通知》
	《广东省基本公共服务标准（2021 年版)》
	《广东省公共服务"十四五"规划》

（续）

领域	文件名称
就业 创业	《切实加强就业帮扶巩固拓展脱贫攻坚成果助力乡村振兴实施方案》
	《高质量实施"粤菜师傅""广东技工""南粤家政"三项工程全面推进乡村振兴行动方案》
	《关于推动"南粤家政"工程高质量发展的意见》
	《广东省省级示范性就业帮扶基地认定管理办法》
	《关于印发〈农村电商产业园建设标准〉〈农村电商基层示范站建设标准〉的通知》
	《关于进一步支持异地务工人员等人员返乡创业的通知》
	《广东省就业创业补贴申请办理指导清单（2021年修订版）》
	《关于进一步发挥乡村振兴人才驿站作用促进各类人才投身乡村建设的实施方案》
	《广东省农业农村专业人才职称评价改革实施方案》
人居 环境 整治	《广东省农村人居环境整治提升五年行动实施方案》
	《广东省乡村休闲产业"十四五"规划》
	《广东省县镇级生活垃圾转运站升级改造工作指引》
	《广东省农村厕所改造建设技术指南（试行）》
	《关于建立健全农村厕所长效管护机制的指导意见》
	《广东省关于进一步加强涉农资金统筹整合的实施意见》
资金 保障	《广东省财政厅等5部门关于进一步做好全省农业信贷担保工作的通知》

（二）持续完善农村社会事业的投入保障机制

持续加大对农村社会事业发展支持力度，农村教育、卫生、文化等财政投入呈持续增长态势，逐步形成财政优先保障、金融重点倾斜、社会积极参与的农村社会事业多元投入格局。

1. 优化提升农村社会事业财政投入配置效率

2022年，省财政进一步加大涉农资金统筹整合力度，统筹涉农资金300多亿元，八成以上由市县统筹实施。其中用于十件民生实事、"九大攻坚"行动等重点任务167亿元，主要投向农村集中供水、农村生活污水治理、农村公路、农田建设、中小河流治理等乡村振兴短板弱项方面。基础教育方面，下达省级基础教育高质量发展市县奖补资金11.84亿元，重点支持欠发达地区市县加强普惠性学前教育等工作；全省农村公办教育总投入1 061.62亿元、民办教育投入168.67亿元，同比分别增长5.4%、5.17%（表2）。医疗卫生方面，落实边远山区乡镇卫生院医务人员岗位津贴、基层医疗卫生机构事业费等省级资金33.1亿元，统筹省以上财政补助资金6.89亿元。基础设施建设方面，安排68.55亿元财政资金，重点用于解决农村生活污水治理、村内道路建设等短板弱项问题；安排30亿元省级资金支持农村公路建设，加快农村公路提档升级，补齐农村交通基础设施短板；安排111亿元支持完善水利基础设施，稳步推进重大水资源配置工程建设、病险水库除险加固、中小河流治理和防洪能力提升等工程。巩固拓展脱贫攻坚成果方面，省

表2 2021—2022年农村教育投入情况

单位：亿元

教育投入	公办教育投入			民办教育投入		
	2021年	2022年	同比增长（%）	2021年	2022年	同比增长（%）
职业高中	7.18	5.82	−18.94	0.46	1.15	150.00
普通高中	109.32	113.1	3.46	18.78	24.31	29.45
普通初中	290.62	315.76	8.65	32.78	35.94	9.64
普通小学	533.69	554.81	3.96	49.12	51.56	4.97
幼儿园	66.38	72.04	8.53	59.24	55.71	−5.96
合计	1 007.19	1 061.62	5.40	160.38	168.67	5.17

数据来源：广东省教育厅。

级共下达驻镇帮镇扶村资金 129 亿元，同比增加 84 亿元，重点支持巩固拓展脱贫攻坚成果同乡村振兴有效衔接、发展富民兴村产业、提升帮扶镇村公共基础设施和公共服务能力。在落实省统筹配套资金基础上，各地市积极制定帮扶资金筹措安排方案，通过奖补、扶持等方式，着力推动产业帮扶、就业帮扶、消费帮扶等重点工作。

2. 拓宽支持农村社会事业发展的资金渠道

积极引导推动社会资本、金融机构投入农村社会事业建设。在农村基础设施建设和生态环境保护等领域积极探索创新投融资模式，择优选择具有投资、运营管理能力的社会资本参与项目建设。出台《广东省财政厅等 5 部门关于进一步做好全省农业信贷担保工作的通知》，充分发挥农业保险、农业融资担保效用，支持"百县千镇万村高质量发展工程"。

（三）推动城乡基础设施一体化和基本公共服务均等化

高水平谋划推进城乡协调发展，推动基础设施向镇村延伸，推进城乡基本公共服务均等化，积极探索促进城乡社会事业融合发展、实现共同富裕的有效路径。

1. 提高农村基本公共服务供给水平

进一步夯实农村基础教育。持续加大农村公办幼儿园和普惠性民办幼儿园学位供给，推进幼儿园规范化建设，提高学前教育保教质量；强力推进"能力提升"和农村寄宿制项目建设，支持打造城乡教育共同体，提高农村地区中小学教育质量，促进城乡义务教育优质均衡发展；全口径全方位融入式帮扶粤东粤西粤北地区基础教育高质量发展，组织实施粤东粤西粤北地区中小学教师全员轮训，着力改善农村教师"弱"的问题。纵深推进农村医疗卫生服务保障水平。加强乡镇卫生院、村卫生室等基层医疗卫生机构标准化、信息化建设；稳步提高农村人均基本公共卫生服务经费补助标准，推动对偏远乡村的送医下乡到户服务。在发展布局上，确保每个乡镇办好1所标准化建设的乡镇卫生院、每个行政村配置1家村卫生室，加强巡回医疗、上级医疗机构驻村服务，发展移动智慧医疗等方式，提高群众就医可及性。全省职工医保、城乡居民医保政策范围内住院费用支付比例目前分别稳定在80%、70%左右，最高支付限额分别提高到80万元、68万元。完善农村养老服务体系。着力构建县、镇、村三级养老服务网络。即县级建设以失能、部分失能特困人员专业照护为主的供养服务设施；乡镇（街道）设立具备全托、日托、上门服务、协调指导等功能的综合养老服务中心；村（居）级推进居家养老服务站点建设，满足老年人就近就便的养老需求。优化农村社会救助制度。进一步健全完善城乡统一、对象明确、管理规范、服务多样的特困人员救助供养制度，完善省低收入人口动态监测和救助帮扶平台，将405万低收入人口纳入动态预警范围，全年累计发出风险预警信息15.5万条。持续深化"牵手行动"，走访关爱农村留守儿童和困境儿童。健全农村留守老年人定期探访制度，完善农村留守老年人基础数据库。

2. 加强基础设施县域统筹

以县域为整体，统筹推进城乡基础设施统一规划、统一建设、统一管护。在农村公路建设方面，推进新一轮农村公路建设和改造，推进"四好农村路"提档升级。在村内道路建设方面，省政府把攻坚村内干路建设列入2022年省十件民生实事之一，采取有力举措推进工作落实并按时完成建设任务，全省纳入乡村振兴规划建设的自然村内干路路面全面实现硬底化。在农村水利设施方面，做好农村供水"三同五化"（城乡供水同标准、同质量、同服务，规模化发展、标准化建设、一体化管理、专业化运作、智慧化服务），改造提升县域统管，接续实施农村供水"三同五化"改造提升工作，巩固农村供水攻坚成果。

3. 推进农村人居环境整治提升

深入实施农村人居环境整治提升五年行动，紧紧围绕农村厕所革命、生活垃圾污水治理、村容村貌提升等重点工作狠抓落实，进一步提升农村人居环境舒适度。坚持以"三清三拆三整治"为抓手持续推进村庄清洁行动。推进"五美"专项行动，连线成片建设乡村振兴示范带。加强乡村建设分类指导，出台干净整洁村、美丽宜居村、特色精品村创建标准，指导全省15.3万多个自然村因地制宜，梯次提升。

（四）以数字技术赋能农村社会事业提质增效

2022年中央1号文件强调"大力推进数字乡村建设"。广东全面贯彻落实数字乡村建设要求，不断补齐数字基础设施短板，持续推进农村信息网络建设和农村基础设施数字化改造升级。

1. 持续推进农村数字基础设施建设

围绕加强基础设施共建共享，加快推动农村宽带通信网、移动互联网、数字电视网和下一代互联网发展，积极推进全省行政村5G网络建设和20户以上自然村光纤网络和4G网络深度覆盖。截至2022年底，全省行政村4G网络覆盖率达99.97%，村光纤接入用户累计1 077.5万户，农村百兆用户占比达92.82%。

2. 持续推动农村基础设施数字化改造升级

持续推进覆盖市、县、镇、村四级的生态宜居美丽乡村大数据平台建设，打造全省美丽乡村数据动态化、场景可视化、应用智能化的数字乡村管理模式。大力发展数字农业，拓宽应用场景，深化信息进村入户工程建设，发挥益农信息社作用，持续推进"互联网＋"农产品出村进城工程。加快农村地区水利、公路、电力等基础设施的数字化、智能化转型，推动优质普惠的农村水利保障网以及水利工程智慧化建设、改造与优化升级，开展数字孪生技术流域全国试点工程，深化"一网统管"。

3. 持续推进拓展数字惠农服务空间

推进广东乡村"智治"能力现代化，深化农村"雪亮工程"建设。发展农村"互联网＋教育"，开展同步课堂和名师课堂试点，实施义务教育阶段国家课程数字教材及应用服务项目，提高各级各类学校（含教学点）宽带接入率、多媒体教室配置率，在欠发达地区建设 17 个互联网环境下教育教学改革实验区，着力解决信息技术应用和课堂教学改革的"最后一公里"问题。此外，还通过"互联网＋养老""互联网＋公共文化""互联网＋医疗"等新型公共服务模式，为农村公共服务赋能。

二、广东省农村社会事业发展的主要成效

围绕全面推进乡村振兴，持续推进农村人居环境整治提升，深化农村基础设施建设，不断提升农村教育、医疗、养老、社保等公共服务水平，乡村建设取得积极成效。

（一）农村基础教育提质增效

一是普惠性学前教育持续扩容提质。全省农村和县镇幼儿园在园幼儿 181.60 万人，其中公办幼儿园在园幼儿占比达 50％。学前教育学位供给全面增强，新增学前教育公办学位 11.55 万个，农村公办幼儿园和普惠性民办幼儿园在园幼儿占比达 85％以上，每个乡镇建成了 1 所以上规范化公办乡镇中心幼儿园，规范化村级幼儿园实现全覆盖，保教质量稳步提高。二是义务教育教学质量不断提高。建立健全公办优质学位供给长效机制，推进"能力提升"和农村寄宿制项目建设，持续改善农村教育教学质量和办学条件。投入"能力提升"项目资金 166.7 亿元，新建和改扩建农村寄宿制学校 435 所，符合标准的农村寄宿制学校达到 837 所、寄宿学位 45 万个。农村教育信息化水平持续提高，全省

各级各类学校（含教学点）多媒体教室配置率超 98.1％。三是普通高中教育、职业教育发展成效显著。培育创建了一批普通高中新课程新教材实施示范区、示范校，辐射带动乡村基础教育发展。职业教育服务乡村振兴能力持续加强，全省建成 16 个国家级农村职业教育与成人教育示范县、20 个省级农村职业教育与成人教育示范县，服务农村人才培养。如以云浮市试点建设乡村振兴学院，打造乡村振兴教育"一镇一品牌、一村一特色"的继续教育"云浮模式"，培训市级农村电商"一村一品"带头人 1.27 万人。

（二）农村医疗卫生服务持续提升

基层医疗卫生服务体系更加完善，农村医疗保障水平日益提升。一是持续巩固城乡统一的居民医疗保险制度。落实全民参保计划，积极引导职工和城乡居民在就业地、常住地参保，基本医疗保险参保覆盖率稳定在 95％以上。农村户籍人口的门诊医疗费用负担进一步减轻，门诊特定病种保障水平持续提高。农村居民参保登记渠道有效扩宽，实现居民参保登记延伸到村（居）委会直接办理。二是持续扩大基层医疗机构覆盖面，医疗网络更加便捷。自 2018 年起，广东省农村医疗设施数量逐年增加（图 1），截至 2022 年底，1 123 个乡镇共建有乡镇（街道）卫生院 1 169 家、设有村卫生室 25 304 家，基层医疗机构实现乡、镇、村全覆盖。三是镇村医疗服务能力不断提升。乡镇卫生院病床使用率 47.2％，乡镇卫生院医师日均担负诊疗 9.9 人次，村卫生室提供诊疗服务 0.84 亿人次。深入开展"互联网＋医疗健康"，全省 1 533 家乡镇卫生院（社区卫生服务中心）和 2 377 个村卫生室实现远程医疗"一站会诊"。四是加强农村医疗卫生队伍建设。省财政安排边远地区乡镇卫生院医务人员岗位津贴、基层医疗卫生机构事业费补助、村医补助等共计 19.58 亿元，支持基层医疗卫生机构可持续运行。持续实施全科医生培训和订单定向培养医学大学生项目，实现了每个乡镇卫生院都有 1 名全科医生。选聘返聘百名退休医生到全省 47 家中心卫生院全职工作，并建设特色专科，省财政对每个专家每年补助 20 万元。

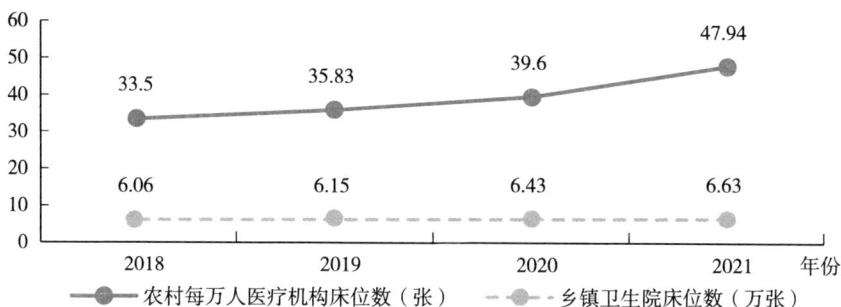

图 1　广东省 2018—2021 年农村医疗设施数量变化情况

数据来源：国家统计局。

（三）农村民生兜底保障稳步发展

一是农村社会救助服务平台建设持续深化。全省所有乡镇均设立"一门受理、协同办理"服务窗口，实现救助业务"全省通办"。"广东兜底民生服务社会工作双百工程"深入推进，实现全省乡镇（街道）社工站（点）、困难群众和特殊群体社会工作服务全覆盖。二是农村社会救助水平不断提升。城乡低保方面，全省月人均农村低保标准 767 元（全国第 6 位），较上年增长 4.5%。其中，一类地区城乡低保最低标准为 1 125 元/（人·月），二类地区为 1 001 元/（人·月），三类地区为 883 元/（人·月），四类地区城镇为 828 元/（人·月）、农村为 579 元/（人·月）（表 3、图 2）。医疗救助方面，完善分类资助参保政策，对于各类收入型医疗救助对象（包括特困人员、孤儿、事实无人抚养儿童、最低生活保障对象、最低生活保障边缘家庭成员等）参加居民医保的个人缴费给予分类资助，进一步减轻参保缴费负担；对医疗救助对象个人负担的合规医疗费用予以救助，其中低保对象、农村易返贫致贫人口救助比例不低于 80%，特困人员、孤儿、事实无人抚养儿童救助比例为100％。残疾人两项补贴方面，补贴标准和覆盖范围居全国前列。全省享受残疾人两项补贴人数达157.7万人次，困难生活补贴范围扩大到低保边缘家庭中的残疾人，补贴申请"全省通办""跨省通办""全程网办"。

表3　2022年全省城乡低保最低标准表

单位：元/（人·月）

类别	城乡低保标准		城乡低保补差水平		适用地区
	城镇	农村	城镇	农村	
一类	1 125		863	673	广州市、深圳市
二类	1 001		698	585	珠海市、佛山市、东莞市、中山市
三类	883		660	500	惠州市、江门市、肇庆市
四类	828	579	653	300	汕头市、韶关市、河源市、梅州市、汕尾市、阳江市、湛江市、茂名市、清远市、潮州市、揭阳市、云浮市

数据来源：广东省民政厅。

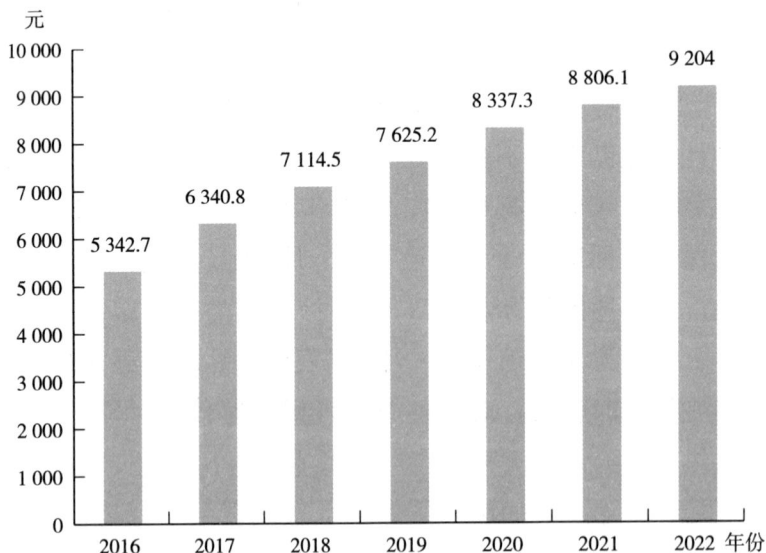

图2　广东省2016—2022年农村居民最低生活保障平均标准
数据来源：2022中国社会统计年鉴。

（四）农村养老服务保障日益完善

一是农村养老保障水平不断提升。农村地区全民参保深入推进，保障待遇逐步提高。2022 年底，全省城乡居民基本养老保险参保 2 764 万人，基础养老金省级标准提高至每人每月 190 元，比 2020 年提高了 10 元。二是农村养老服务网络更加健全。截至 2022 年底，全省社区养老服务设施农村设施覆盖率达到 74％。三是农村留守老年人关爱服务持续深化。开展探访关爱服务近 13 万人次。

（五）农村文体科技事业繁荣发展

一是基层公共文化设施网络不断健全。截至 2022 年底，全省建成乡镇（街道）综合文化站 1 619 个、行政村（社区）综合性文化服务中心 2.6 万个，镇村公共文化基础设施实现全覆盖。持续深化县级文化馆图书馆总分馆制建设，覆盖 91％的乡镇（街道）。全省行政村（社区）综合性文化服务中心提质增效达标率达 57％，优质公共文化资源和产品的服务半径不断延伸。二是农村文化体育活动日趋丰富。开展戏曲进乡村演出和培训活动 4 853 场次，惠及 452 万人次。组织开展以"共建美丽乡村，跑向幸福生活"为主题的 2022 年"美丽乡村健康跑"系列活动。同时，以数字赋能文化传播，开展重点群众文化品牌活动云上直录播 55 场，丰富公共文化服务线上资源。三是乡风民风更加文明。开展省级乡村治理"百镇千村"示范村镇创建活动，全省村规民约修订完善率达 100％；移风易俗治理成效显著，厚葬薄养、大操大办、奢侈浪费、借机敛财等陋习得到有效遏制，乡村文明和群众精神风貌焕然一新。四是全面推进科技助农强农。全力促进农业科技成果转化，健全农业科技社会化服务体系，常态化开展科技下乡活动。深入实施农村科技特派员制度，截至 2022 年底，共选派 901 个团队、2 812 名农村科技特派员，实现粤东粤西粤北地区 12 市和肇庆市 901 个重点乡镇驻镇帮镇扶村科技帮扶全覆盖。

（六）农村妇儿权益保障更加完备

一是妇女权益保障力度不断加强。持续实施"农村母亲关爱工程"项目，面向粤东粤西粤北地区的韶关等 14 个地市的农村患病母亲（遭遇乳腺癌、宫颈癌、胃癌、直肠癌、肺癌、白血病等 6 种重大疾病中的一种或一种以上）提供资助。在全省县（市、区）和超过 90% 的乡镇（街道）设立婚姻家庭纠纷调解组织，有效维护农村妇女合法权益。二是农村儿童福祉水平不断提高。实施集中供养孤儿照料护理补贴，首创开通孤残儿童省级医疗救治"绿色通道"。农村集中供养、分散供养孤儿（含事实无人抚养儿童）最低养育补贴提高为 1 949 元/（人·月）和 1 313 元/（人·月）（图 3）。省农村留守儿童和困境儿童管理系统统计显示，截至 2022 年底，全省共有农村留守儿童 90 985 人。为深化农村留守儿童、困境儿

元/（人·月）

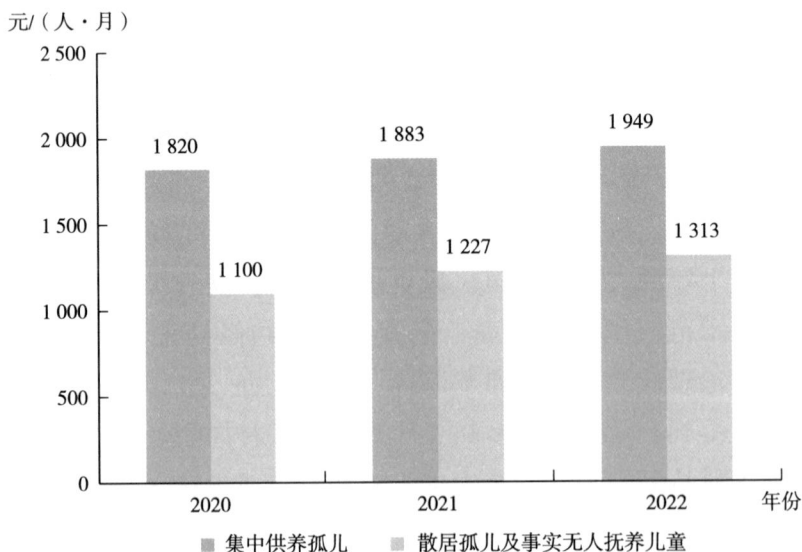

图 3　广东农村孤儿养育最低生活保障标准

童工作阵地建设，目前城乡社区共创建儿童之家 27 329 个（含城市社区）。常态化开展各类关爱服务活动，"牵手行动""少年儿童心向党，用心用情伴成长""家庭教育大讲堂进村居"等系列活动成效显著，全年开展关爱活动覆盖留守儿童 102 348 人次，覆盖率达 83.4％。

（七）农村人居环境持续改善

一是持续推进农村厕所改造和长效管护。印发《广东省农村厕所改造建设技术指南（试行）》《关于建立健全农村厕所长效管护机制的指导意见》等文件，进一步规范全省农村厕所建设改造标准，构筑长效管护机制。二是农村生活垃圾收运处置体系基本实现"村收集、镇转运、县处理"。截至 2022 年底，全省镇级生活垃圾转运站共 1 680 座，其中在运行的有 1 529 座，另有村收集点 32.77 万余个。三是农村生活污水治理成效明显。开展农村生活污水治理的自然村达 87 330 个，其中设施模式、纳厂模式、资源化利用模式分别占 51.0％、18.5％、30.5％。全省农村生活污水治理率达 53％。四是村容村貌显著提升。开展"三清三拆三整治"自然村 15.3 万余个，覆盖率达 99.8％，清拆破旧泥砖房 322 万余间。因地制宜打造村庄公园 70.13 万余个，村庄环境进一步改善。90％以上村庄达到干净整洁村标准，分别创建特色精品村、美丽宜居村 1 316 个和 12 214 个，其中 45 个村庄入选全国乡村旅游重点村，52 个村庄被评为中国美丽休闲乡村。

（八）农村基础设施建设提档升级

一是农村交通基础设施建设成效显著。全省农村公路完成投资 329 亿元，完成新改建里程 6 258 千米，新增通双车道的行政村 940 个，改造农村公路危旧桥梁 266 座。全省农村公路通车里程达 18.35 万千米，农村公路密度达 102.14 千米/百平方千米，路面铺装率100%，100人以上自然村全面通硬化路，新增完成村内干路硬底化建设11 033.39千米。形成以市县为中心、乡镇为节点、行政村为网点，通达主要经济节点，联城串乡的农村公路交通网络。全面推进县、乡、村三级农村公路"路长制"，管养机制逐步健全。累计成功创建"四好农村路"全国示范县15个，省级示范县50个。累计已有15个地级以上市共29个县（区、市）开通农村客货邮融合业务，累计建成农村客货邮站点863个。二是农村电力和水利设施建设现代化水平不断提升。持续深化农村电力基础设施建设，开展农村电网升级改造，农村电网电能质量、供电可靠性持续改善，供电可靠率达99.945%，综合电压合格率达99.963%，农村供水保障能力和供水质量全面提高。全省落实农村供水工程建设投资107.32亿元，建设农村供水工程1 877宗。全省农村自来水普及率稳定达到99%，规模化供水工程覆盖农村人口的比例达到78.1%，农村自来水水质合格率2021年和2022年连续两年超过90%。三是乡村数字基础设施建设取得长足进步。"互联网＋政务服务"进一步下沉，城乡数字服务均等化水平进一步提升。为了让广大农民群众充分享受"数字红利"，全省70%的村视频资源已连接到镇、村综治中心；镇村网上办事站开通率达100%、村居网上办事点开通率达93.3%，基本实现"一门式"政务服务全覆盖。

三、广东省农村社会事业发展面临的主要问题与挑战

（一）农村社会事业发展仍然不平衡不充分

一方面，城乡区域间发展不平衡。城镇基础设施和公共服务向乡村延伸不足，一些村庄普惠性、基础性、兜底性民生基础设施存在短板，城乡基本公共服务仍存在不小差距，农村教育、医疗、文化、养老、社会保障等亟须加快提升。以医疗卫生资源为例，2021

年广东城市地区每千人口拥有卫生技术人员、执业医师分别为7.47人、2.49人，而农村只有5.38人、1.24人。另一方面，部分地区和领域的发展仍不充分。部分地区基础教育依然薄弱，还存在学前教育资源不足、师资力量薄弱等现象；一些农村基层医疗卫生条件有待改善；乡镇级的养老机构服务质量不高，不能完全满足农村的养老服务需求；农村居民社会保障水平仍有待提高，城乡居民基本养老保险人均养老金月标准264元，远低于浙江（408元/月）、江苏（320元/月）水平。此外，基础设施建设方面还存在农村公路"量大等级低"、供水工程"五化"指标偏低等现象。

（二）农村社会事业发展的运行机制有待完善

一是农村社会事业发展的统筹机制有待提高。部分地区农村社会事业发展存在碎片化现象，资源投入过于"小散"，重点不突出，缺乏统筹发展。二是推动农村社会事业发展的协同机制有待完善。针对农村社会事业高质量发展的政策统筹与联动较弱，跨部门协作力度不够，导致资源难以优化配置。如在数字乡村建设中因部门协同推进机制不完善，存在重复建设和资源浪费现象。三是乡村建设发动村民和社会力量不够。有些地方照抄照搬城市建设模式，乡村建设项目由政府大包大揽，村集体和村民参与度不高。简易审批、以工代赈、以奖代补等机制落实不到位，联农带农惠农作用不明显。四是农村公共设施运营管理机制有待完善。部分地区农村基础设施存在"重建设，轻运营"现象，特别是粤东粤西粤北地区一些人口流出型村庄的公共设施老旧，资源利用率低。

（三）农村社会事业发展的资金投入有待创新

始终坚持兜底基本民生底线，持续加大农村社会事业投入，但在资金保障方面，仍存在投入与需求精准匹配有待提升、社会力量参与不足等问题。一是经济下行压力下农村社会事业财政投入保障面临挑战。发展社会事业需要坚实的财政收入保障。2022 年，受国际环境和国内疫情冲击影响，全省各地经济下行压力进一步加大，特别是粤东粤西粤北地区财政收支不断承压，部分地区农业发展基础本就薄弱，税收、土地收入"双下滑"，给农村地区加大社会事业投入、改善基础设施条件、平衡基本公共服务供给带来更多挑战。二是农村社会事业的资金投入渠道有待进一步拓宽。部分农村地区财政资金的导向性作用和杠杆作用发挥有限，吸引撬动金融和社会资本投向农村社会事业领域的力度不足、手段不多，有待形成财政优先保障、金融重点倾斜、社会积极参与的多元供给投入格局。

（四）农村社会事业发展的人才智力支撑不足

农村社会事业建设有"财"的同时，还需要有"才"。当前广东农村社会事业发展的人才支撑相对不足，粤东粤西粤北地区尤为明显。一是农村教育、医疗等公共服务领域人才供给总量相对不足。例如，粤东粤西粤北地区的边远农村地区小学规模小、点多分散，编制有限且教师结构失衡。乡镇基层医疗卫生机构人才"引不进、留不住、用不好、扎不下根"的问题依然突出。二是农村社会事业高水平专业人才不足。例如，乡镇卫生院具有公共卫生资格的专业人才较少，卫生技术人员中本科以上学历占比仅为 13.9%，中级以上职称占比仅为 9.9%。农业科研人才特别是高层次人才保障不足，农村数字化建设中尤其缺乏既懂农业、又懂信息技术、数字化服务的专业人才。三是农村基层工作力量有待加强。部分农村基层阵地存在挂牌而未落实相应人员编制、工作经费等问题，只能让基层人员"身兼数职"。例如，未成年人救助保护工作站多为挂牌成立，村（居）儿童主任普遍身兼数职，缺乏相应的专业能力。

（五）技术赋能公共服务能力提升待强化

随着数字乡村建设的推进，广东农村网络基础设施已取得长足进步，农村通信难问题得到切实缓解。但"数字惠农""技术惠农"的发展潜力有待进一步挖掘。一方面，技术赋能农村基础设施建设难以满足发展要求。部分乡村数字基础设施建设底子薄，农村传统基础设施数字化改造升级进展较为缓慢。另一方面，技术赋能公共服务均等化、普惠化有待提升。如农村基层公共文化数字平台的服务效能基本不高；基层缺乏卫生健康信息管理平台，乡镇医疗机构远程医疗设施配备不均衡，远程医疗服务建设难度大，农村医疗卫生信息化工作有待加强。

四、新时期广东省农村社会事业发展面临的新形势

当前，推动广东农村社会事业高质量发展，要紧紧把握省情农情，充分结合珠三角和粤东粤西粤北地区农村社会发展特征，统筹考虑新时期全省人口布局、土地利用、设施建设等，集中资源要素，动员各方力量，聚焦农村教育、医疗、养老、文化等民生热点、难点问题，持续优化社会事业服务体系和发展布局，为"广东在推进中国式现代化建设中走在前列"提供民生保障。

（一）全面推进乡村振兴和"百千万工程"等系列战略部署，给农村社会事业高质量发展提出新要求

发展农村社会事业是"三农"工作的重要任务。广东省委、省政府作出实施"百千万工程"、建设宜居宜业和美乡村、推进农业农村现代化等系列工作部署，为广东农村社会事业实现更宽领域、更深层次的统筹发展和创新驱动，指明了新方向，提出了新要求。要进一步强化供给能力建设，推动水电路气讯等基础设施和科教文卫

体等公共服务资源向农业农村纵深倾斜、精准配置；要进一步突出城乡公共服务政策协同，加强公共服务"县乡村"统筹，推动城乡要素资源双向流动，织密扎牢民生保障网；要进一步聚焦"高水平实现幼有所育、学有所教、劳有所得、病有所医、老有所养、弱有所扶"和"打造美丽宜居宜业和美乡村"的发展目标，进一步统筹利用更多社会力量，创新农村社会事业供给模式，精准推进农村公共服务提升行动，加快补齐基础设施建设短板，实现农村居民获得感成色更足、幸福感更可持续、安全感更有保障。

（二）农民公共服务需求转型升级，为统筹与创新农村社会事业发展提供新空间

一是农民公共服务需求日益品质化、多样化。伴随广东农村居民生活水平的持续攀升和消费结构的转型升级，农民家庭结构、农村人口结构发生新变化，农民群众对教育、医疗、养老、文化生活等公共服务的期盼更高，对农村生活环境和品质要求日益个性化、多元化。这就需要农村社会事业发展，要更注重"弹性目标"设定和"精准靶向"施策的平衡布局；更注重细分服务对象、提高服务包容性，实现动态化、差异化的服务供给，有效提高农民群众的获得感和满意度。二是农民主体参与决策的主动性、积极性持续提高。农民是推动乡村治理现代化的关键主体。当前广东农民主体意识较高，参与基层治理的积极性和主动性较好，"共建共治共享"的民主氛围浓厚。这也为广东在"十四五"阶段建立农村多主体公共事业协商机制（农村、社会组织、驻村单位）、提高农村社会事业供给决策公平、推进乡村治理现代化发展，提供了重要保障。

（三）数字技术广泛深入应用，为赋能农村社会事业提质增效提供新契机

数字乡村建设的不断深化，将推动农村生产生活方式发生前所

未有的变革，加大农村公共服务的数字化普及力度，特别是加强教育、医疗、社保、养老等农村公共服务领域的集成应用和场景创新，已成为推进"数字乡村"建设的重点任务之一。广东已率先在全国规划数字乡村战略布局，近两年先后出台了《广东数字农业农村发展行动计划（2020—2025 年)》《数字乡村发展试点实施方案》，以智慧健康、数字文化、智慧养老、智慧救助等为特色，积极打造以人为本、数智引领的强村富民模式。"十四五"时期，应进一步抓住科技赋能农业农村现代化的发展契机，在增强社会事业服务部门之间信息共享能力、打造"政府＋企业"数字化服务共同体、创新数智化改革农村服务投入模式和资金监管模式等方面，多方探索路径突破，提升社会事业公共服务和公共设施建设智能化水平。

五、广东省农村社会事业发展的政策建议

坚持"质""量"协同、"内""外"发力、"人""财"共补、"软""硬"兼顾，坚持以满足当代农民的现代化、多样化、层次化需求为导向，以"百千万工程"为总牵引，以缩小城乡区域差距为目标，因时制宜、因地制宜、因需制宜构建农村基础设施和公共服务精准化供给机制，拓展农村社会事业建设资金的供给渠道，建立复合多样的人才支撑，最终实现从"局部聚焦"到"全景关怀"、从"单层供给"到"多层多类"、从"一元主导"到"多元合作"，打造更高水平、更高质量的社会事业城乡区域统筹、协调发展新格局。

（一）以"百千万工程"为总牵引，在发展谋划上实现突破

按照"实现城乡区域基础设施通达程度更加均衡、基本公共服

务均等化水平显著提升"等战略目标，全面落实"百千万工程"关于县域发展、强化乡镇联城带村节点功能、建设宜居宜业和美乡村等六大方面 23 项具体要求。

1. 整体推进农村社会事业发展与"百千万工程"建设

围绕"百千万工程"的总体部署和要求，整体谋划县镇村产业发展、基础设施建设、生态保护、公共服务配套等空间布局，将县域和镇村的科、教、文、卫等规划方案与发展路线图系统融入"百千万工程"、纳入乡村振兴总体规划。立足农村人口结构变化和行政区划调整需要，对农村中小学、乡镇卫生院、村卫生室、养老机构等社会事业发展布局做到县域一体谋划、县镇村协同发展。

2. 适应百千万工作要求，针对农村社会事业强改革、活供给

改革创新基础设施和公共服务供给模式、监管模式和投入方式，加快建立农村社会事业多元化供给机制，细化相关行业标准规范，明确各领域具体服务项目及其服务对象、服务内容和保障标准，支持先行先试、探索创新，构建适应农村居民新时代生产生活需求的社会事业发展制度框架。

（二）优化社会事业统筹协调机制，在发展协同上实现突破

围绕进一步优化农村社会事业发展的统筹协调机制，在加强部门协调联动、强化设施和服务供给的同时，探索构建省域范围内的社会事业"区域协调发展体系"和县域范围内的"县镇村联动发展体系"，逐步从当前的"总量保障"向"精准服务、效率优先"转变，由"城乡两张皮"向"标准统一、制度并轨"转变。

1. 优化社会事业"城乡统筹、区域协同"发展机制

以缩小城乡发展差距为目标，推动农村社会事业发展"全省一

盘棋"。一是完善农村社会事业发展城乡统筹机制。统筹规划城乡道路、供水、供电、通信、物流、垃圾污水等基础设施，推动市政公用设施向城郊村、中心镇延伸，探索城乡基础设施项目整体打包、一体化开发建设、一体化管护机制。科学设定农村学校、医院、文化场馆等公共服务设施的服务半径和人口，提高公共服务设施与空间、人口分布的适配性。构建以就业、教育、卫生、托育、养老、文体、法律服务等为重点的乡村公共服务网络，打造综合服务平台，实现更高水平、更高质量的一体化协调发展。二是完善农村社会事业发展区域协同机制。充分发挥珠三角地区的帮扶和辐射带动作用，深入实施对粤东粤西粤北地区在教育、医疗卫生、劳务、科技人才等领域的"组团式"帮扶。通过转移支付、定向援助、专项帮扶、区域合作等模式，提升粤东粤西粤北地区、革命老区农村社会事业的服务保障能力，缩小区域差距。

2. 优化社会事业"县、镇、村三级联动"服务机制

强化县域和城镇"联城带村"的节点功能，构建三级联动、上下贯通有梯度、多圈层的农村公共服务网络体系。一是把县域作为城乡融合发展的重要切入点，引导农村人口在县域城镇集中居住，实施公共服务设施提标扩面工程，补齐公共服务短板。二是增强城镇对乡村的辐射带动能力，促进"以镇带村"一体发展，推动义务教育、医疗卫生、社会保险、劳动就业、文化体育等资源向乡村两级延伸拓展。三是持续推动县域助农服务综合平台和镇村助农服务中心建设，强化农村生产生活服务，多举措增强县域城镇、特别是县城的综合服务能力，把乡镇建成服务农民的区域中心。

3. 优化农村社会事业发展的部门协调联动机制

着重加强农村社会事业领域部门间的资源整合、规划衔接和信息沟通，统筹安排，形成合力。做好投资、财税、产业、土地、人口等政策的配套协调。

（三）拓展农村社会事业供给主体，在供给保障上实现突破

鼓励社会力量积极参与农村社会事业发展，构建政府主导，市场、社会、农民多方参与的农村基础设施和公共服务供给体系。

1. 优化"政府优先保障、社会资本积极参与"的多元投入格局

统筹用好中央有关涉农资金、省级涉农统筹整合资金、帮扶资金及自身可支配财力，保障资金投入，优先支持粤东粤西粤北地区农村人居环境改善和农村供水、道路等公益性强的基础设施。坚持分类施策。纯公益性社会事业如基础教育、普及性疾病预防和基本社会福利等坚持以政府供给为主；营利性社会事业如文化娱乐、旅游产业等则坚持政府宏观层面的引导和统筹规划，引进社会力量和民间资本投资兴办；混合性社会事业，如专门医院，特色学校，特殊养老设施等可以探索通过公私联营、财政补贴，贴息贷款、特许经营、优惠政策等多种形式引进社会力量。

2. 创新金融服务模式，拓宽农村社会事业发展资金通道

引导机构法人、业务在县域的农商行、村镇银行等金融机构把工作重心放在农村教育、社会保障、科技创新、文旅发展等服务类金融服务和产品的创新上。鼓励金融机构在依法合规前提下量身定制乡村建设金融产品，探索股权债权联动、基金直投、中长期信贷融资等方式拓宽乡村建设融资渠道，打造适合农业农村发展的金融产品，打通农村金融服务的"最后一公里"。

3. 发挥群众力量，进一步建立健全村民参与机制

调动广大农民群众的积极性和创造性，把国家投资与农民投工投劳有机结合起来，健全村民参与机制。大力施行村庄建设项目简易审批，节省报批成本和建设时间。积极推行以工代赈方式，引导低收入人口特别是脱贫人口就地就近就业，防止出现大规模返贫。积极倡导村集体或农民工匠承接农村小型工程建设，采取以奖代补

方式，引导村民积极参与乡村建设。完善农民参与农村社会事业建设的程序和方法，坚持和健全"四议两公开"制度，依托村民会议、村民代表会议、村民小组会议等，充分调动广大农民群众参与农村社会事业的积极性、主动性、创造性，全过程、全环节推动农民参与。

（四）强化农村社会事业要素支撑，在资源保障上实现突破

资金、人才、技术是支撑农村社会事业高质量发展不可或缺的要素。广东需进一步完善多元化的资金投入机制和全链条的人才服务机制，推进技术赋能农村社会事业发展，全面强化农村社会事业发展的资源保障能力。

1. 拓宽资金来源，完善多元化投入机制

逐步建立与经济发展和政府财力相匹配的"全省一盘棋"农村社会事业支出保障机制，加大对粤东粤西粤北地区教育、医疗卫生、社会保障等方面转移支付资金的支持力度，强化市级推进区域内基本公共服务均等化的职责，不断提高基层财政保障能力。发挥政府财政资金杠杆作用，引导和撬动社会资本投向农村基础设施和公共服务领域，推出一批由政府和社会资本合作的乡村建设项目。充分发挥慈善组织、专业社会服务工作机构在提供公共服务方面的补充作用，促进志愿服务与政府服务优势互补、有机融合。

2. 强化人才保障，鼓励人才在城乡区域间合理流动

打造人才全服务链条，加大对农村社会事业人才导向的系统性谋划和倾斜性扶持，鼓励更多教育、医疗、文化等各领域人才服务农村发展大局，在安居保障、福利待遇、技能培训、职称评定等领域精准发力，提升对紧缺人才的吸引力，有效提升农村社会事业人才队伍的素质结构和服务效能。

3. 推进数字赋能，助力农村社会事业高质量发展

适应数字技术与农村生产生活融合趋势，积极打造以人为本、数智引领的农村社会事业数字化提升模式。进一步深化5G网络深度覆盖，推动农村地区道路、水网、电力等基础设施数字化、网络化、智能化改造。围绕农民群众在教育、医疗、养老等领域的实际需求，深入推进"互联网＋"的数字化服务体系建设，运用数字技术改进公共服务模式，积极构建以智慧健康、数字文化、智慧养老为核心的数字公共服务平台。探索建立农村智慧治理一张网，加快农村管理服务、基层治理数字化进程，推动数字技术与乡村治理的融合发展。

（五）聚焦农村社会事业重点领域，在补短强弱上实现突破

聚焦农村社会事业发展重点领域，按照针对性更强、覆盖面更广、效果更明显的原则，优先补齐基本公共服务短板，推进农村社会事业发展提质，让农村居民公平、便捷地共享发展成果、品质生活和现代文明。

1. 补齐农村基础设施建设短板

深入实施乡村建设行动，推进道路、供水、电力、污水、通信、燃气等基础设施向城镇郊区乡村延伸，实现城乡基础设施一体建设、一体运营、一体管护。瞄准"农村基本具备现代生活条件"的目标，坚持以普惠性、基础性、兜底性民生建设为重点，按照"一村一策"要求，实施乡村振兴补短板工程，优先提升农村既生产又生活的基础设施，提高基础设施完备度和公共服务便利度。

2. 补齐农村公共服务供给短板

着力补齐农村教育基础短板，整合重组"散小弱"学校抓实资源布局调整，提升农村学前教育服务质量，加强农村师资力量建设。补齐农村基层医疗卫生服务短板，狠抓"编制支撑""财政支

撑""人才支撑""项目支撑",全面提升农村疾病防控、健康教育、应急救治、卫生监督等管理服务水平。完善城乡居民基本养老保险基础养老金正常调整机制,稳步提高城乡居民基本养老保险基础养老金水平。重点抓好农村科技实用型人才培养,充分整合科技、科协、人社、农业农村、农机、畜牧等部门培训资源,发挥各市县职业学校培训优势,采取引导式、订单式、致富式培训等多种方式,大力培育符合现代农业农村发展需要的农村科技示范大户,掀起广大农民"学科技、爱科技、懂科技、用科技"的新热潮。

3. 持续推动村容村貌整体提升

深入实施农村人居环境整治提升五年行动,统筹推进农村改厕、生活垃圾污水治理和村容村貌提升等重点工作。聚焦"整改提升、长效管护",深入抓好农村厕所革命。聚焦"稳定运行、提升水平",扎实开展农村生活垃圾治理,统一规范设置村庄垃圾收集点(站)、乡镇转运点(站),确保"村收集、镇转运、县处理"垃圾收运处理体系稳定运行,全面推行简便易行的农村生活垃圾分类治理模式。聚焦"因地制宜、分类施策",积极开展农村生活污水治理,按照"一村一策"原则,因地制宜选择农村生活污水治理模式,城镇周边村庄优先纳入市政管网城乡一体化处理,其他地区优先选择建设运维费用低、管护简便和资源化利用的模式。聚焦"城乡一体、全域整治",大力提升村容村貌,与绿美广东行动相结合,深入推进"三清三拆三整治""五美"专项行动,因地制宜打造村庄小公园,绿化美化村庄环境。

2022 年重庆市农村社会事业发展报告

重庆市认真落实党中央、国务院决策部署，发挥县域内城乡融合发展支撑作用，大力发展农村社会事业，实施基础设施和公共服务补短板行动，强化县城综合服务功能，推动服务重心下移、资源下沉，不断提高农村居民享受公共服务的可及性、便利性，农民群众获得感、幸福感、安全感显著增强。

一、重庆市农村社会事业发展的主要举措

以迎接党的二十大和贯彻党的二十大精神为动力，聚焦薄弱环节、短板弱项，多措并举，多点发力，推动农村社会事业发展取得新成效，民生实事取得新进展。

（一）聚焦薄弱环节，完善制度设计

坚持以习近平新时代中国特色社会主义思想为指导，深入学习贯彻习近平总书记关于"三农"工作重要论述精神，聚焦农村社会事业薄弱环节，积极出台补短板、管长远的政策措施。1月，重庆市委市人民政府印发1号文件，对提升农村基本公共服务水平，持续办好民生实事，着力解决人口"一老一小"、住房"一旧一危"、就业"一生一困"等实际问题作出系统部署。各部门聚焦薄弱环节，先后出台《关于全面推行义务教育阶段教师"县管校聘"管理改革的指导意见（试行）》《关于开展卫生人才"县聘乡用""乡聘村用"工作的指导意见》《关于进一步做好脱贫人口及监测对象医疗保障工作的通知》《关于做好农村低收入群体等重点对象住房安

全保障工作的通知》《关于做好"十四五"特殊困难老年人家庭适老化改造工作的通知》《关于进一步做好最低生活保障等社会救助兜底保障工作的通知》等一系列文件，不断完善农村教育、医疗卫生、养老、社会救助等农村社会事业政策和制度体系。

（二）聚焦急难愁盼，解决群众关切

积极贯彻落实以基层为重点的新时代党的卫生与健康工作方针，结合实际大抓基层卫生工作。通过推进"县聘乡用"改革，全市共下派959名区县级医疗机构医务人员到基层工作，其中主治医师以上891名，有效解决了基层医疗机构的人才短缺问题；各区县政府统筹安排基层卫生发展资金15.2亿元用于基层医疗卫生单位设备配置、房屋建设及维修，改善和提升农村群众的就医环境；完成市基层卫生综合管理系统（一期）建设，收集并清理有效居民电子健康档案2 416万份，覆盖全市近八成群众。

为了让农村困难群众住得安全，住得放心，全市加大对农村危房改造力度。按照"发现一户、改造一户"的原则，建立起农村低收入群体住房安全"动态清零"监测机制，截至2022年底，完成农村低收入群体危房改造13 358户，近5年累计实施农村危房改造32.09万户。在此基础上，通过开展"三师一家"（规划师、建筑师、工程师和艺术家）下乡服务、大力推广农房标准图集、推进装配式农房建设试点等，积极探索农房和村庄建设现代化路径。全年投入市级补助资金1.19亿元建设完成南川区三泉镇观音村等"巴蜀美丽庭院示范片"14个、永川区板桥镇大沟村等21个传统村落项目。

把农村教育事业摆在优先发展的位置，对义务教育学校（含民办学校）按不低于生均公用经费基准定额标准补助公用经费。将原来对寄宿制学校按照寄宿生年生均200元标准增加公用经费补助，标准提高到300元。整合农村教育资源，通过一系列的集团化办学统一课程建构、制度建设和评价考核等，推进农村学校教务更加规范化、科学化。通过开展优质名校名师送教下乡、乡村教师访名校培训等措施，推动城乡教学更加均衡优质。

积极推行"四有五助"农村互助养老模式，推动实现每个村有"一个互助养老点"、有"一个人定岗服务"、有"一支志愿队伍"、有"一套结对帮扶机制"，大力开展集中助餐、流动助医、定点助乐、智慧助急、上门助养等五助服务，建成互助养老点 7 332 个，提供服务 50 余万次。探索"时间储蓄"激励机制，加强农村养老服务人才队伍建设；推进医养深度融合，积极开展农村优质养老服务新模式试点。

为了更好地满足农民群众精神文化需要，重庆坚持把发展乡村文化作为推进农村社会事业发展的重要抓手，创新农村文化工作思路，精心打造了以三峡风情、巴渝风情、土家风情等为特色的"乡村村晚""乡村艺术节""农家广场舞"等一系列以农民为主体的文化活动品牌。全年下达中央补助地方公共服务专项资金 8 599 万元，用于乡镇基层文化服务中心、群众文化广场等提档升级，为农民群众展示文化才艺提供更多更好的乡土舞台，也让农民群众有更多机会享受到更加优质的文化服务。

（三）聚焦短板弱项，推进设施升级

加快推进"四好农村路"和农村供水等基础设施补短板，不断缩小城乡基础设施差距。

按照农村公路"品质高、网络畅、服务优、路域美"的发展目标，加快推进农村公路建设。完成农村公路投资 130 亿元，建设农村公路 4 000 千米，安防工程 4 000 千米，解决了 25 个乡镇通三级公路、1 000 个村民小组通硬化路的问题。在实施过程中强化"质量过硬、路通民富、出行便利、绿色优美、路域和谐"导向，积极落实交通运输部推动"四好农村路"高质量发展要求，大力开展美丽农村路建设，全年有3条农村公路获评全国"十大最美农村路"，1条获评全国"美丽乡村路"，17条获评市级"最美农村路"。

强化农村供水保障，确保农民群众用水安全。按照"能集中则集中、宜分散则分散，有条件的区域积极推进城乡供水一体化"的供水思路，以"一改三提"五年行动为抓手，以农村供水供给侧结构性改革为着力点，推动农村饮水安全向农村供水保障转变，努力构建绿色智能的农村供水网络。在工程规划布局上，推动以小型集中供水工程为主向规模化发展转变；在工程建设管理上，推动以项目建设为主向建管并重转变；在供水设施运营维护上，推动粗放管理向标准化、信息化、精细化管理转变；在投融资机制上，推动以政府为主向市场融资转变；在供水保障质量上，推动低水平保障向高质量发展转变。重点实施"三个一批"工程，打造日供水规模在2万吨以上的重点供水示范工程，有条件的区县大力推进城乡供水一体化，积极创建"四管"示范工程，全市自来水普及率达到83.5％，规模化供水工程覆盖农村人口比例达到49％。

二、重庆市农村社会事业发展的主要成效

（一）农村教育资源更加优质

大力实施义务教育薄弱环节改善和能力提升工程，不断加强乡镇寄宿制学校和乡村小规模学校建设，促进城乡义务教育一体化发展。截至2022年底，学校标准化建设达标率已提高至87％，其中生均校地达标率91.36％，生均校舍达标率97.64％，生均运动场馆达标率87.68％。全市共有乡村中小学3 759所，村小（校）点1 445个，区县优质学校对口帮扶农村薄弱学校，乡镇中心小学对口帮扶村小学和教学点，基本实现对口帮扶全覆盖。农村居民教育获得感显著增强，主要指标超过全国平均水平。普惠性幼儿园覆盖

率、义务教育巩固率、高中阶段教育毛入学率、高等教育毛入学率分别达到 93.99%、95.79%、98.99%、62.6%，各类教育发展指标都位于全国前列。"双减"政策落地见效，义务教育基本均衡发展区县实现全覆盖。

（二）农村医疗卫生提档升级

医疗、公共卫生和健康管理等服务不断改善。截至 2022 年底，全市共有乡镇卫生院 819 家，村卫生室 9 495 家，实现了每一个乡镇都有一个标准卫生院，每一个村都有标准卫生工作室，基本实现了农村"30 分钟"医疗服务圈全覆盖；公共卫生服务不断扩面，服务项目从 12 大类扩展到 28 大类，全市基层总诊疗量占比高于全国平均水平。基本公共卫生服务标准不断提高，人均基本公共卫生服务补助增加到 84 元。

（三）农村养老服务不断加强

强化居家养老主渠道，探索农村互助养老新模式，城乡社区居家养老服务实现全覆盖。累计建成街道养老服务中心 220 个、乡镇养老服务中心 743 个、社区养老服务站 2 912 个，设置村级互助养老点近 8 000 个；打造"中心带站"联合体 216 个，整合社区养老服务站 2 728 个。

老年人照顾服务计划全面推进。开办"中央厨房"，开通"助浴快车"，全市设置助餐点 1 391 个、助浴点 597 个、助医点 1 003 个。开展乡镇敬老院"三改"行动，改造升级乡镇敬老院 529 家。建成失能特困人员集中照护机构 60 个、护理型床位 8 000 余张。加快发展普惠养老服务，全市社会办养老机构达 764 家，护理型床位占比超过 60%，平均入住率达 69%；支持社会力量举办社区"嵌入式"普惠养老机构 420 家，新增普惠养老床位 3.78 万张。

养老服务质量安全全面提升。评选三星级以上养老机构 53 家，支持 2 152 对养老服务机构与医疗机构签约协作发展，建立医养结合机构 155 家，医养结合床位 4.51 万张。

（四）农村人居环境持续改善

接续推进农村人居环境整治提升五年行动，继续实施"千村宜居计划"，农村人居环境整治成效进一步彰显。截至 2022 年底，累计创建重庆市美丽宜居乡村 1 482 个，改造农村卫生户厕 433 万余户，农村卫生厕所普及率超过 85%；全市 100% 的行政村生活垃圾得到有效治理，全市开展生活垃圾分类的行政村占比达到 50.4%；农村生活污水治理率 39.7%，开展了 44 个农村黑臭水体整治。推进成渝地区双城经济圈"巴蜀美丽庭院示范片"14 个项目建设。完成绿色示范村建设 107 个，"四旁"植树面积 1.1 万亩；回收废弃农膜 1.2 吨，回收率达到 91.4%，回收肥料包装物 2 640 吨，建成农膜回收村级网点 3 009 个，村级回收网点覆盖率达到 86.7%；开展各类绿色生态环保家庭宣传实践活动 8 800 余场次，覆盖 85.5 万余人次。

（五）农村文化生活丰富多彩

加强乡镇文化服务中心、群众文化广场、农家书屋服务点等服务设施改造升级，精心打造文化驿站、文化礼堂、乡村戏台等新型公共文化空间 278 个，覆盖 30 个区县，覆盖率达到 76.9%。投入 2.6 亿元在全市 37 个区县实施应急广播系统建设，覆盖 9 079 个行政村（社区）。举办"阅读之星"市民诵读大赛，开展"书香筑梦乡村行""巴渝阅读行"等各类公益文化进区县活动，累计举办各类群众性文化活动 64 场次，惠及群众 2 000 万人次。

投入资金 1 600 余万元启动黔江濯水古镇、武隆后坪、石柱西沱古镇、秀山西街、酉阳龚滩古镇、彭水蚩尤九黎城等 6 大文化生态保护示范建设。举办 2022"文化和自然遗产日"非遗宣传展示重庆主场活动，吸引 900 余名非遗传承人、500 余家非遗店铺、130 余家老字号企业、83 个非遗工坊参与。

三、重庆市农村社会事业发展面临的问题与挑战

重庆市紧紧抓住农民群众最关心最直接最现实的利益问题，坚持尽力而为、量力而行，采取更多惠民生、暖民心举措，着力健全农村公共服务体系，农村公共服务供给不断优化，但距离党中央的要求和农民群众对美好生活的向往，仍有一定差距。

（一）村庄规划引领不够

一是村民参与村庄规划不多。很多村规划由乡镇（街道）聘请专业机构进行编制设计，农民自身参与不多，一些规划没有充分体现村情民意，群众对规划有关基础设施和公共服务布局等认可度不高。二是规划落地性不强。部分村庄规划编制机构对"三农"政策特别是农村社会事业发展把握不够精准，一些规划评审流于形式，导致规划表面"高大上""美而全"，但基础设施、公共服务、人居环境等社会事业项目设置、选址等与当地实际脱节。

（二）乡村公共服务还有短板

一是资源失衡问题突出。受大城市虹吸效应影响，农村人口不断向城市转移，教育、医疗卫生等资源配置不均衡、不合理的现象日益凸显。乡村大量中小学生进入城市学校、乡镇中心校就读，学校"村社空、乡镇满、城市挤"现象普遍。如渝东北某县 50 名学生以下的小学有 34 所，其中某村教学点有 4 名教师，但仅有 2 名学生。部分农村地区"有阵地缺医生"，还有的"有医生缺病人"，如渝西某区有村卫生室 600 余个，有的平均每天门诊量仅 2 人。二是人才匮乏问题长期存在。农村公共服务队伍建设滞后，乡村教

师、乡村医生学历相对不高、年龄结构老化，且青年专业人才匮乏。全市乡村医生队伍中，60 岁以上占比达 28.06%，执业（助理）医师占比仅 25.97%（全国为 38.4%）。三是用地保障问题逐步显现。受国土空间、耕地保护、生态红线等政策影响，用地问题对农村基础设施建设和公共服务发展形成刚性约束，未纳入"三区三线"统筹规划的，用地难以保障，项目难以落地。乡镇卫生院、村卫生室建设用地不足，业务用房面积、功能布局等不适应当前医疗发展要求。乡镇新建养老、殡葬服务设施用地保障不足，购买、置换、租赁等方式又容易存在权属复杂、手续繁琐、不确定性高等难题。

（三）基础设施短板仍然明显

一是设施布局有待优化。有的基础设施建设滞后，有的村级便民服务中心远离村民聚居点，群众办事不便。有些地方没有统筹考虑乡村区位、产业发展布局，没有顺应村庄演变、人口变化趋势，村庄发展定位不合理，导致农村基础设施建设后无人管、少人用，存在闲置浪费现象。二是末端覆盖还有差距。当前农村基础设施建设既有总量不足的问题，也有质量不高的问题。部分乡村道路硬化率总体偏低，少数山区农村仍然存在晴通雨阻现象。受安装成本等限制，一些乡镇集镇仍未通燃气管道，农村居民天然气入户使用率仅为 27%。三是资金压力问题凸显。一方面，农村基础设施建设任务较重，农村公路提档升级需求大、养护水平偏低，局部区域农村供水和农田灌溉设施配套不足、容量不够、管护不力等问题仍较突出，供水管网埋设防护不到位。如巫溪县脱贫攻坚时期建设的农村供水管网有的已达到或接近使用寿命，需要大面积更换，初步测算需耗资达千万元以上。另一方面，受经济形势、减税降费等因素叠加影响，区县财政"三保"支出压力增大，财力不足与持续增支的矛盾凸显，资金落实难的问题势必持续。

（四）人居环境改善仍有较大提升空间

一是"重面子轻里子"。个别地方片面将村容村貌提升等同于农村人居环境整治，偏好抓"亮点"，热衷给农房整齐划一"穿衣戴帽"、修门墙亭廊、搞人工造景，轻视了农村厕所革命、生活垃圾治理、生活污水治理等基础工作，农村人居环境底子不牢固，村容村貌细节不经看。二是"重建设轻管理"。农村改厕与污水治理衔接不够，没有同步实施粪污治理或资源化利用。虽然各区县探索建立了相应的管护机制，但受资金、技术所限，很多无法支撑管护机制的有效运行。三是"重看点轻线片"。农村人居环境整治侧重于示范"点"，串点、连线、成片谋划推动不够。2019 年启动市级美丽宜居乡村创建以来，共创建美丽宜居乡村 1 482 个，覆盖率仅为 18.5%。

四、推动重庆市农村社会事业高质量发展的建议

聚焦实现农业农村现代化，不断加强乡村规划引领、补齐农村基本公共服务短板、完善乡村基础设施、整治提升农村人居环境，不断健全完善责任落实、要素保障、考核评估机制，不断促进城市基础设施向乡村延伸、公共服务向乡村覆盖、资源要素向乡村流动，持续谱写农村社会事业发展新篇章。

（一）加强乡村规划引领

1. 科学编制村庄规划

坚持先规划后建设，通盘考虑、科学布局乡村生产生活生态空间，防止"千村一面"。加强乡村建设规划许可管理，建立健全政府主导、村民参与、专业支撑的村庄规划编制机制。强化村庄规划入库管理，完善全域全要素规划"一张图"。建立"村庄规划＋乡

村设计＋农房设计"风貌引导体系，促进乡村风貌提升。加大传统村落保护力度，推动传统村落集中连片保护。

2. 分类培育中心镇村

推动中心镇扩容提质，优先支持发展一批区位优势好、产业基础好、未来潜力大的中心镇，有条件的打造成为县域副中心。按照集聚提升、城郊融合、特色保护、搬迁撤并等类型，制定行政村分类指引，加强行政村动态评估、分类管理。坚持"中心村重点倾斜、非中心村保基本"原则，建立农村基础设施和公共服务差异化投入机制，打造"示范村""共富村"。

3. 加强农房风貌引导

推动农村房屋规划、建设、使用管理立法，建立农村房屋建设用地、规划、设计、施工、验收、改扩建和变更用途等全过程管理制度。编制新建农房设计技术导则，推广使用农房建设图集。支持在新建的村民聚居点、民宿集中区等项目中优先采用装配式建筑。深化"三师一家"（建筑师、规划师、工程师和艺术家）下乡服务，为农民建房等乡村建设活动提供技术支撑。

（二）补齐农村基本公共服务短板

1. 持续提升农村教育水平

促进义务教育薄弱环节改善与能力提升，建设城乡学校共同体。推动乡村学校常态化应用国家智慧教育公共服务平台。加强县城中小学标准化建设，优化乡村寄宿制学校建设。扎实推进县域普通高中发展提升行动计划，新建、改扩建一批普通高中学校，基本消除普通高中大班额。深入推进乡村教师支持计划，加大本土化乡村教师公费培养力度，强化定向培养和精准培训。持续深化教师"县管校聘"管理改革，健全完善编制岗位、公开招聘、职称评聘、交流轮岗和城乡一体化配置等管理体制机制，推动义务教育优质均衡发展。

2. 构建分级联动的乡村医疗卫生体系

支持县域医疗卫生次中心建设，力争每个区县打造 1～2 个县域医疗卫生次中心，建成甲级乡镇卫生院的比例不低于 35%。加强村卫生室标准化建设，持续提升乡村医疗卫生服务能力和健康管理水平，争取全面实现农民群众小病慢病不出村。加大农村订单定向免费医学生培养力度，推进乡村医生"乡聘村用"。每年由区县级公立医疗机构派出数量不低于当年招聘执业医师人员数量的80% 的医疗骨干下沉到乡镇卫生院、社区卫生服务中心，工作时间不少于 1 年。

3. 加强重点人群关爱

完善落实最低收入户"一户一策一责任人"精准帮扶机制。健全农村留守儿童和困境儿童关爱服务体系，加强农村留守妇女关爱服务，拓宽利益诉求表达渠道，切实维护农村妇女儿童合法权益。建立多层次农村养老服务体系，支持有条件的乡镇建设区域性养老服务中心，完善村级日间照料中心、老年食堂等互助养老设施。大力发展"互联网＋乡村养老服务"。推进乡镇公共场所适老化改造和无障碍环境建设。

（三）完善乡村基础设施

1. 加快"五网"建设

推动"四好农村路"、重点水利工程和农业灌溉设施等建设，深化农村电网改造，加快推进 5G 等新型信息基础设施普及，建立健全农产品冷链物流体系，不断完善农村路网、水网、电网、通讯网、物流网，构建城乡互联互通的基础设施网络体系。持续推进乡村微改造、精提升，稳步推动乡村基础设施更新。健全农民参与机制，鼓励通过投工投劳、志愿服务等多种方式参与乡村建设。

2. 健全长效管护机制

坚持分类管护，编制农村公共基础设施管护责任清单，探索建立以区县为责任主体、乡镇为管理主体、村为落实主体、农户为受益主体、第三方为服务主体的"五位一体"农村基础设施长效管护机制。梯次推进公共基础设施城乡一体化管护，鼓励社会资本和专业化企业依法依规有序参与农村公共基础设施管护。

（四）持续推进农村人居环境整治提升

1. 加快消除农村黑臭水体

按照"摸清底数、消黑除臭、水质达标、群众满意、机制建立"标准，推进农村黑臭水体治理攻坚，分级分类分期提升农村水环境质量。一体推进控源截污、清淤疏浚、垃圾清理、岸带修复，加强规模畜禽养殖污染、水产养殖尾水、种植业面源污染等治理和小微企业排污监管，积极探索适合巴渝乡村特点的生态环境治理新模式。

2. 全面推进农村厕所、污水、垃圾"三大革命"

因地制宜推进农村改厕工作，加强厕所粪污无害化处理和资源化利用。完善农村地区污水管网建设，健全农村地区污水处理运维机制。持续推进农村生活垃圾收运处置设施建设，不断巩固农村生活垃圾治理成效，大力推进农村生活垃圾分类，全面提升农村生活垃圾减量化、资源化、无害化水平，加快推动农村生活垃圾收运处置体系覆盖所有行政村和自然村组。

3. 不断提升村容村貌

持续开展无人居住的废旧房、房前屋后的杂物堆、田间地头的废弃物、管线"蜘蛛网"清理和农村爱国卫生运动，不断改善村庄环境。常态化开展村庄清洁行动"春夏秋冬"四季战役，引导村民自觉履行环境卫生"门前三包"责任，促进农民文明习惯养成。打破乡镇（街道）、村组行政区划限制，有序推进农村人居环境成片整治。

（五）健全三大机制

1. 健全责任落实机制

健全落实"五级书记"抓乡村振兴机制。市级层面全面统筹农村社会事业发展，定期制定工作要点、明确重点任务，定期召开现场推进会。市级有关部门根据职责分工落实农村社会事业各项任务，制定实施方案，落实落细责任，定期报告工作落实情况。区县、乡镇党委和政府建立任务清单，分解细化本地区阶段性目标，制定项目清单和工作台账，每年向上级党委政府报告工作完成情况。

2. 健全要素保障机制

发挥政府主导作用，推动规划、科技、资金、市场主体进乡村，青年、农民工回乡村，形成政企联动、多方参与格局。落实基础性、公益性建设投入的政府主体职责，将符合条件的公益性乡村建设项目纳入地方政府债券支持范围。建立政府投入引导、农村集体和农民投入相结合、社会力量积极支持的多元化投入机制。持续培育乡镇公共服务人才、乡村治理人才、乡村工程技术人才、农民合作社带头人、农村劳务经纪人。探索建立乡村工匠培养和管理制度，创新人才柔性引进机制，引导专业人才服务乡村。

3. 健全考核评估机制

健全乡村振兴战略实绩考核制度，将农村社会事业发展纳入市级部门和区县党政领导班子、领导干部推进乡村振兴战略实绩考核。充分发挥考核评价"指挥棒"作用，对农村社会事业发展排名靠前的区县在资金分配、项目安排等方面进行倾斜支持。持续开展县乡村公共服务一体化试点，科学研究设置县乡村公共服务一体化建设标准，及时总结推广实践案例和经验做法，形成可看可学可复制的路径模式。

图书在版编目（CIP）数据

中国农村社会事业发展报告. 2023 / 农业农村部农村社会事业促进司编. —北京：中国农业出版社，2024.3

ISBN 978-7-109-31803-8

Ⅰ.①中… Ⅱ.①农… Ⅲ.①农村－社会事业－研究报告－中国－2023 Ⅳ.①C916

中国国家版本馆 CIP 数据核字（2024）第 053746 号

中国农村社会事业发展报告（2023）
ZHONGGUO NONGCUN SHEHUI SHIYE FAZHAN BAOGAO (2023)

中国农业出版社出版
地址：北京市朝阳区麦子店街 18 号楼
邮编：100125
责任编辑：赵　刚
版式设计：王　晨　责任校对：吴丽婷
印刷：北京中兴印刷有限公司
版次：2024 年 3 月第 1 版
印次：2024 年 3 月北京第 1 次印刷
发行：新华书店北京发行所
开本：700mm×1000mm　1/16
印张：12.5
字数：162 千字
定价：68.00 元
